Impressum

1. Ausgabe 2013
Umschlaggestaltung: Silke Bunda Watermeier
unter Verwendung eines Fotos von Monika Drechsler
Inhaltsseiten Gestaltung: Monika Drechsler, Anna Kuti, Andrea Persson
unter Verwendung der Fotos© von Monika Drechsler, Ute Geuder,
Astrid Dunau, Regina Raaf
Copyright© 2012, Innenwelt Verlag GmbH, Köln
Alle Rechte vorbehalten
Nachdruck und fotomechanische Wiedergabe, auch auszugsweise,
nur mit Genehmigung des Verlags
www.innenwelt-verlag.de

Druck: Himmer AG, Augsburg
Printed in Germany
ISBN 978-3-942502–19-1

In diesem Buch wird auf ein Inhaltsverzeichnis bewusst verzichtet. Wer immer Lust hat, ihr Eigenes zu schreiben, mache es. Das gilt auch für die Seitennummerierung, die es nicht gibt. Außerdem verwende ich in diesem Buch die weibliche Form, so wie im Alltag die männliche Form gebraucht wird.

Über mich und dieses Buch

Ich bin mit verschlüsselten Botschaften aufgewachsen. Mit Erahnen, Erspüren von Dingen, ja, war so verbunden mit meiner Mutter, dass ich immer erraten habe, was sie gerade wollte und benötigte. Deshalb habe ich mir vorgenommen, es bei diesem Buch anders zu machen. Ich will gleich zu Beginn erläutern, wie dieses Buch aufgebaut ist. Ich werde mich auf drei Ebenen bewegen.

Ebene I
Mein Tagebuch, die Fakten der Reise, und was mir dabei alles durch den Kopf gegangen ist, was passiert ist, wie ich es erlebt habe. Das ist mein unverfälschtes Reisemanuskript, deshalb können hier auch ungewöhnliche Redewendungen oder Sätze zu finden sein. Ich habe sie bewusst weder ausgebessert, noch korrigiert. Störe dich bitte daran nicht, lass dich einfach davon in die Weiten eines unglaublichen Landes tragen.

Ebene II
Gedanken, Ideen, Erfahrungen, wenn mir während des Abtippens meines Tagebuches etwas wichtig war zu sagen, mich inspiriert hat, weiter zu träumen, zu schreiben, zu denken, zu fühlen. Es sind Beiträge, die nachträglich, nach der Reise entstanden sind und niedergeschrieben wurden.

Ebene III
Die Traumzeit, meine Rituale und das, was in diesen Ritualen mit mir passiert ist.

Vielleicht fragst du dich jetzt, was ist ein Ritual? Was verbirgt sich hinter dem magischen Wort „Ritual"? Es gibt unzählige, ganz alltägliche Rituale. Viele davon führen wir ganz selbstverständlich aus, ohne zu überlegen: das morgendliche Zähneputzen, die sonntägliche Autowäsche, das Händeschütteln bei der Begrüßung, die Zigarettenpause in der du Kaffee schlürfst ... Von diesen erzähle ich hier nicht.

Hier geht es mehr um die Rituale, die mich aus dem Alltag herauskatapultieren, die mich in einen traumartigen Zustand versetzten, aus dem heraus mein Unbewusstes zu arbeiten beginnt, sich entfalten kann. In dieser Zeitebene schaltet mein Kopf einfach ab und ich bin. Hier gebe ich Zeit, Raum und Rahmen für den Prozess. Manche Völker, in denen Rituale üblich sind, haben relativ strenge Regeln, nach denen sie vorgehen. Auch ich dachte früher: Nur strenge und ernste Rituale sind gute Rituale. Heute hingegen liebe ich das Offene, das Zwanglose. Ich lass mich überraschen was entsteht. Oft dauert es eine Weile bis meine Gedanken zur Ruhe kommen. Dann entsteht Raum für etwas Neues. Davon schreibe ich in Ebene 3. Je öfter du ein Ritual machst, desto erfinderischer wirst du werden, du kannst deine eigenen Vorbereitungen treffen, bist frei zu experimentieren. Achte auf einen geschützten Rahmen, den sogenannten „spirituellen" Raum.
Ich habe meine Rituale, von denen ich in diesem Buch schreibe, in den Weiten der Mongolei gefeiert, das war mein Raum.
Im Passus „Vorbereitung für das Ritual" findest du ein Gerüst für die Ritualgestaltung, es ist sozusagen die Ausrichtung in diesem Prozess, dorthin soll es gehen. Auch diese kannst du abändern und nach deinen Wünschen neu gestalten. Ich habe es mit einer kleinen Feder gekennzeichnet und sie dir als eine Möglichkeit vorgeschlagen. Es waren meine Vorgaben für meine Rituale und Prozesse.

Außerdem wirst du in diesem Buch immer wieder auf freie Seiten treffen, auf denen du eingeladen bist, deine eigenen Erlebnisse einzutragen bzw. niederzuschreiben. Was mit dir passiert, während du liest, was es bei dir auslöst, was es bei dir bewirkt, wie du dich mit diesem oder jenem Thema auseinandersetzt. Vielleicht hast du ganz ähnliche oder auch komplett andere Erfahrungen gemacht und möchtest deine Erlebnisse oder Träume so festhalten. Lass dich dabei von deiner Kreativität inspirieren! Male, gestalte, zeichne, schreibe, tobe dich aus, mach dein ureigenes Ding. Buchstaben und Worte sind ein recht beschränktes Mittel, um Gefühle und Eindrücke zu beschreiben, sie sichtbar zu machen. Deshalb will ich dich animieren, die Grenzen dieses Buches zu sprengen, den Glaubenssatz, dass man in ein Buch nicht hineinschreiben darf, aufzugeben.

Wie lese ich dieses Buch

... gar nicht, es ist zu träumen. So ist es entstanden, durch Inspirationen in der Natur, durch herrliche Landschaftsbilder, die tief in mein Herz eingedrungen sind und mit mir etwas gemacht haben, mich genährt haben, mich ermutigt haben, diesen Weg zu gehen.

Wundere dich nicht, wenn du zum Lesen dieses Buches länger brauchst als für alle bisherigen Bücher, die du je gelesen hast. Träume brauchen ihre Zeit und ihren Raum, Spiritualität funktioniert nicht auf Knopfdruck.

Ich ermutige dich, dir diese Auszeiten zu nehmen, geschehen zu lassen, zu gönnen. Zwischenräume werden sich plötzlich ausdehnen, Minuten können zu Ewigkeiten werden, um sich sofort wieder zu verdichten. „Spiel mit mir", raunte mir die Zeit zu.

Ich wünsche dir, dass dieses Buch dein ganz persönliches Kunstwerk wird, dein Kraftbuch, in das deine Weisheit einfließt, das deine Träume und Gedanken aufsaugt.

Ich freue mich, wenn dieses Buch dir dabei hilft, dich in Situationen der Ausweglosigkeit zu erden, zu zentrieren, auf das Wesentliche zu besinnen. Ich persönlich liebe Anker im Leben. Anker geben jedem Schiff Halt, wenn es droht abzudriften, wenn es auf gefährliche Küsten zusteuert. Dieses Buch kannst du zu deinem ganz persönlichen Anker machen, der dich nährt, festigt, der sozusagen auf dich aufpasst.

Gestalte es nach deinen Wünschen, lass dich inspirieren, lass die Worte auf dich wirken und webe du die nächste Seite, gehe in deinen eigenen Fluss, lebe deine Meisterinnenschaft, öffne dein Herz und bringe zu Papier, was dich genau in diesem Moment bewegt. Sammle, suche, finde, was du brauchst, um dein Kunstwerk zu vollenden. Lass dieses Buch entstehen. Vielleicht willst du eine Seite zerschneiden, Löcher in die Seiten brennen, um besser in die nächste Dimension schauen zu können. Möglicherweise wollen zwei Seiten zusammengenäht oder zusammengehäkelt werden, vielleicht will auch die Feder, die du bei einem deiner Spaziergänge gefunden hast, hier befestigt werden. Lass es durch deine Erfahrungen in Verbindung mit Mutter Erde passieren. Ja, mach ein Zauberbuch daraus, das dich betört, das dich entführt, raus aus dem Alltag, rein in deine Welt, die du dir gerade erträumst. Mag ein Stoffstück aus deiner Ahnenreihe hier eingewirkt werden oder dein abgerissenes Glücksband hier einen Platz finden. Lass dich führen, indem du Schritt für Schritt deine eigene Reise machst, niederschreibst, in deine Spiritualität gehst, in das, was schon so lange in dir wartet, entdeckt und geweckt zu werden.

Ich wünsche dir viele wunderbare Stunden.

Wie dieses Buch entstanden ist

Die Nacht ist meine Zeit der Kreativität. Eigentlich ist es die Zeit zwischen dem Schlafen und dem Wachen, genau hier öffnet sich ein Raum für meine „Traumzeit", hier beginnen meine Ideen zu fließen und zu sprudeln, meine Gedanken spinnen sich zu Fäden, Netzen, die verblassen, sobald ich das Licht andrehe. Also schreibe ich in der Dunkelheit. Mein Kopf wägt ab, ob es wirklich der Mühe wert sei, ein Buch herauszubringen. Oh, all die Arbeit und Zeit, ob sich das lohnt? Mein Verstand ist ja süß, da kann ich nur lachen! Wenn der wüsste... Ich bin getrieben, nein, ich habe ein tiefes Wissen um meinen nächsten Schritt, und mein Kopf hinkt nach, lahmt und schwebt orientierungslos am Rumpf. Er durchläuft alte Muster: Mein Kopf glaubt doch glatt, mit alten Gedankenschlingen erlangt er Sicherheit! Vergebens! Er muss sich eingestehen, dass er im Moment kein Konzept parat hat. Er weiß, dass er irgendwann aufgeben muss. „Heute noch nicht", raunt mir mein Kopf zu. „Ich hab's nicht eilig", schmunzle ich zurück, ich kann warten, weil ich ja weiß, dass mein Neues geboren ist. Eigentlich ist es befruchtet in meinem Leib. Wie eine liebende Mutter trage ich die Frucht aus, bin sozusagen schwanger mit der Idee dieses Buches. So wie eine Mutter das tiefe Wissen und die Sicherheit hat, dass ihr Kind irgendwann das Licht der Welt erblicken wird und nicht auf ewig im Bauch bleiben kann, so bin ich sicher, dass dieses Buch entstehen wird. Ich bereite mich vor. Den Zeitpunkt der Geburt kann ich nicht bestimmen, die Schwangerschaft dauert ihre Zeit. Je entspannter die Mutter sich vorbereitet, desto präsenter wird die Geburt passieren, weg vom Leistungsdruck, vom errechneten „Geburtstermin", von all den Zwängen, rein in die Hingabe, in das Geschehenlassen, in mein Zentrum.

Genauso brüte ich über dem, was jetzt gerade entsteht. Das Ei wurde befruchtet von einem wunderbaren Land, von einer wunderbaren Natur. Mutter Erde hat mich persönlich befruchtet, kann ich sagen. Ist das nicht genial? Und sie tut es immer wieder, wenn ich bereit bin, mich mit ihr zu verbinden, im Moment des Herbstspazierganges, bei der einsamen Bergtour, beim Blick in den Sternenhimmel, beim Wolkenbilder schauen, wenn ich im Gras liege und träume. Dann setzt sie in jede von uns einen Samen, den können wir abstoßen, abtreiben oder austragen zu einem liebevollen Moment, zu einem erfüllten Strahlen, zur puren Lebensfreude. Genauso entstand dieses Buch.

Ich kann nicht schreiben

„Ich kann nicht singen" – diesen Satz hab ich etliche Male auf Gesang-Workshops gehört. Warum nicht ummünzen auf „Ich kann nicht schreiben". Mir fällt rein gar nichts ein, was ich auf die leeren Seiten dieses Buches schreiben soll. Was soll denn ich schon zu schreiben haben?

Egal, ob du was zu schreiben hast oder nicht, verlagere die Energie aus deinem Kopf in deinen Bauch oder in dein Becken und lass die Schreibhand aus diesem Zentrum heraus aktiv werden.
Übrigens: Dein Atem ist ein perfektes Fortbewegungsmittel für deine Energie, mit deinem Atem kannst du in deinem Körper überall hin reisen! Nun bist du also im Herz, im Bauch oder in deinem Becken. Wenn deine Schreibhand von hier aus loslegt, bist du vielleicht zuerst verwundert, was sie alles zu Papier bringt, was sie alles zu schreiben hat. Irgendwie ist es so wie mit dem inneren Kind, das jahrelang ungehört vor sich hin weint und wartet entdeckt zu werden, um mit dir gemeinsam euer Potenzial zu leben. So geht es der Schreibhand, die vielleicht in der Zeit, als du angefangen hast zu malen, als die falsche bezeichnet wurde. Vielleicht warst du Linkshänderin und musstest umlernen, vielleicht aber wurde dir eine so komplizierte Buchstabenaufgabe erteilt, dass die Kontrolle die Übermacht über deine Hand gewonnen hat, sodass deine Finger oder dein Arm vergessen haben, wie es sich anfühlt, sorglos, lustvoll und genüsslich über Papier zu gleiten. Vielleicht waren deine Bewegungen zu groß, zu ungestüm. Du bist in der Grundschule beim Ausmalen hinausgefahren über die vorgegebenen Grenzen und hast kein Sternchen bekommen.

So lade ich dich jetzt ein, deinen Arm neu zu entdecken, neu zu erforschen, mutig das Neue zu wagen, vielleicht entdeckst du eine neue Schrift, vielleicht möchten deine Buchstaben sich in die andere Richtung als bisher neigen? Vielleicht bringt dein Stift gar keine Buchstaben auf das Papier, sondern lediglich Spiralformen und ein zunächst wirres Gekritzel – lass es zu und beobachte dich dabei.

Warst du schon mal an einem Sandstrand und hast dich dort ausgetobt? Hast mit einem Stock oder deinem Zeigefinger in wilder Hast deinen Namen in den wellengepressten Sand gemalt? Es ist ein Wettlauf mit der Natur, in dem du nicht zum Denken kommst. Die Natur, die unbarmherzig auslöscht, sodass du deinen Namen sofort wieder neu erfinden kannst, dich beeilen musst, um ihn vor der nächsten Brandung wieder fertig zu stellen, bis du begreifst, dass du weiter landeinwärts Zeit gewinnst, da nur jede siebente Welle bis zu diesem oberen Bereich des Strandes gelangt. Dort kannst du dann übermütig riesengroße Zeichen, Buchstaben und Gebilde malen, schreiben, zeichnen, bis du erschöpft niedersinkst und deinen Körper vom Wasser sanft umspülen lässt, in den blauen Himmel schaust und weißt: du bist bei dir angekommen!

Wie diese Reise entstanden ist

„Es ist Zeit zu reisen", sagte eine Stimme in mir. Wohin soll die Reise denn gehen? „Zu dir selbst", sagte die Stimme, aber diese Stimme konnte ich erst viel später hören.

Alles begann mit einer Grippe. Ich lag im Bett und fühlte mich elend. Gleichzeitig war ich ein bisschen froh über meinen Infekt, denn ich wusste, dass er für meinen Körper wichtig war. Mein Immunsystem benötigte eine Auffrischungskur, und die wollte ich ihm gerne gönnen. Wenn ich krank werde, einen grippalen Infekt bekomme, denke ich im ersten Moment immer „Na, jetzt passt mir das gar nicht in den Kram", aber ich beuge mich und gebe meinem Körper die Auszeit, die er braucht. Noch nie habe ich meinen Körper mit Grippemitteln niedergeknüppelt. Ganz im Gegenteil, ich inspiriere ihn zu schwitzen, unterstütze ihn mit traditioneller chinesischer Medizin bei der Säuberungsaktion und schaue, wofür der Infekt gut sein könnte. Neuerdings aber halte ich mit meinem Körper Zwiesprache, passe viel besser auf mich auf und gönne meinem Körper viel mehr lustvolle Auszeiten als früher.

Dieser grippale Infekt sollte auch eine lustvolle Auszeit werden. Nach einer Gua sha-Behandlung (chinesische Heilmethode nach TCM) fühlte ich mich deutlich besser und nutzte die Zeit um den Bücherstapel neben meinem Bett zu verkleinern – endlich hatte ich Zeit zu lesen und nahm das oberste Buch vom Stapel.

Ich liebe es, Bücher zu kaufen, aber gelegentlich mangelt es mir an Zeit, um all die erworbenen Exemplare zu lesen. Das oberste Buch war von Cambra Maria Skadé, „Am Feuer der Schamanin".

Dieses Buch verzauberte mich sofort. Schon beim Lesen war ich unterwegs in den Weiten des sibirischen Altaigebirges, mein Körper kuschelte sich zwar noch in die warme Decke und trank Lindenblütentee, aber mein Geist schwang sich in die Lüfte und war weit, weit weg. Den Essensrufen meines Mannes, der wunderbar für mich gekocht hatte, folgte ich nur widerwillig, denn sie störten meine Träume, meine Reise, meine Gedanken und Hirngespinste. Ich las und las und wusste: Dort will ich hin, „in echt", wie meine Kinder zu sagen pflegten, als sie noch klein waren. Die Bilder, die Art und Weise, wie Cambra mir diese Landschaft schmackhaft machte, das alles faszinierte mich ungemein, und ich wusste, es ist gut, dass ich diesen Infekt bekommen habe. Ich bewachte dieses Buch wie meinen Augapfel, schlussendlich war es mein Tor nach Sibirien, in die Wiege des Schamanismus, in den Altai.

Nach ein paar Tagen war ich wieder gesund, aber ich war nicht die Alte. Irgendwas hatte sich in mein Hirn eingefressen, ein Traum, ein Wunsch, eine Vorstellung, ein Drang nach dem, was ich da gelesen hatte. Ich telefonierte, versuchte Kontakte zu knüpfen, recherchierte, aber ohne Ergebnis. Plötzlich war das Buch verschwunden. Hatte ich es verborgt? Ich suchte und suchte, stellte meinen gesamten Wohnraum auf den Kopf, fand es aber nicht. Das Buch blieb verschollen, es war wie verhext. Es wäre ein Leichtes gewesen, ein Neues zu kaufen, eine liebe Freundin wollte mir sogar ihr Exemplar borgen. Aber davon wollte ich nichts wissen, ich wollte mein Buch wieder haben. Ich erzählte meinen Freundinnen von meinem Vorhaben. Es gab natürlich auch Zeiten, da ebbte mein Verlangen, in den Altai zu kommen, wieder ab. Allerdings hatte ich diesen Wunsch tief drinnen in meinen Körperzellen abgespeichert und konnte ihn nicht mehr „deleten", wie es in der Computersprache so schön heißt.

Ein Jahr darauf flatterte ein Mail bei mir ein, in dem eine Reise in den Altai angeboten wurde, es war eine Frauenreise. „Na, umso besser", dachte ich mir. Leider wurde die Reise gleich nach meiner Anmeldung wegen mangelnder Teilnehmerinnenzahl wieder abgesagt.
So genau wusste ich inzwischen nicht mehr, wieso und warum ich noch nach Sibirien wollte, aber ich ließ nicht locker. In meinem Kopf bauschten sich immer tollere und wunderbarere Gründe auf, wieso ich dorthin wollte. Ich redete mir ein, dass mich eine Stimme riefe – keine Ahnung was da genau vor sich ging.
Dann tauchte 2009 eine Reiseausschreibung einer deutschen Frau in meinen E-Mails auf, die ich sofort aufgriff. Ohne lange nachzudenken meldete ich mich an, verschob in Windeseile meine Termine und leistete die Anzahlung. Im Laufe der Zeit wurde diese Gruppe von ursprünglich fünf Teilnehmerinnen immer größer und größer, bis es knapp vor der Abreise hieß: Wir sind zu dreizehnt. Das löste bei mir zuerst einen mächtigen Frust aus. So viele Frauen! Werde ich mich da zurechtfinden, wenn die zickig sind? Ich kannte ja keine einzige davon! Dreizehn Frauen waren für mich der blanke Horror. Nur zu gut wusste ich um gruppendynamische Prozesse, und ich wollte mir auf keinen Fall diese Reise verderben lassen. Ich hatte Angst vor so vielen Frauen auf einem Haufen und überlegte mir, die Reise zu stornieren.
Doch dann passierte etwas Seltsames. Ich begann zu atmen und mich zu besinnen – die Zahl dreizehn ist ja eine Glückszahl in der weiblichen Zahlensymbolik, die dreizehnte Fee, die dreizehnte Tür. Dreizehn steht für Umbruch und Transformation. Im Tarot ist Dreizehn die Karte des Todes, die Karte der Veränderung, der Wandlung, des Neuanfangs. Das ließ meine Reise in einem neuen Licht erscheinen. Ja, genau, das war mein Ziel. Ich ging in mein Vertrauen, wurde ruhig und freute mich.

Treffen sollte ich die anderen Frauen, die allesamt aus Deutschland waren, in Ulan Bator.

15.8.2010

Abschied am Flughafen Wien von meiner Familie, meinen Kindern und deren Freunden. Abschied fällt mir immer so schwer, es kommt Trauer auf. Beim Überschreiten der Schwelle lasse ich alles hinter mir und lande in der nächsten Sekunde in einer neuen Welt, werde groß, stark, selbstbewusst und mächtig, übernehme ganz bewusst alle Verantwortung und gehe meinen Weg. Kein Handy mehr, keine Verbindung mehr nach Hause, ich kann nur mehr nach vorne ... nach Moskau fliegen.
Unruhe im Flugzeug. Leute verstauen ihr Handgepäck, meine Füße schwitzen in den Bergschuhen. Ich bin ganz ruhig, bin bereit für Start und Abflug. Jetzt endlich freue ich mich auf die Reise.

Jede Reise beginnt mit einem Abschied,

auch die Reise zu dir. Es ist nötig, etwas hinter sich zu lassen, um offen zu sein für das Neue. Abschiede fallen mir im Vorfeld oft schwer, machen mich unruhig. Ich will die Reise doch gar nicht antreten, ich will doch meine gewohnten Strukturen gar nicht verlassen, meine Sicherheit eintauschen gegen was Neues, Unvorhergesehenes. Oft inszeniere ich einen Streit, eine Szene, in der Hoffnung, dadurch nicht gehen zu müssen Und dann passiert das Wunder: Ich gehe auf die Schwelle zu, laufe zur Passkontrolle am Flughafen, gehe zum Bahnhof und steige in den Zug, starte das Auto oder schwinge mich auf mein Fahrrad und lasse hinter mir ... Wie durch Zauberhand ändert sich alles, mein Inneres beginnt zu wachsen, erlangt Selbstbewusstsein, wird sicher und lässt keinen Zweifel mehr hochkommen. Eine neue Freiheit! Los geht's.

Moskau, diesiger Sonnenschein empfängt mich. Mein Bauch entspannt sich, lässt los, nachdem ich den gesamten Flug über mit einer Mutter von vier Kindern angeregt geplaudert hatte, die nach Korea unterwegs war, um ihre Tochter zu besuchen.
Nun hocke ich im Transitbereich und warte auf den Shuttlebus der mich zum Abflugterminal bringen soll. Es ist affenheiß hier, über dreißig Grad, die Klimaanlage dürfte nicht funktionieren, Moskau eben. Gut, dass ich meinen iPod mithabe. Kontrollen über Kontrollen, wie Schlachtvieh komme ich mir bei der Passkontrolle vor, die nun bereits zum dritten Mal stattfindet. Alleine reisen bringt allerdings den Vorteil, dass ich in den Warteschlangen rasch vorwärts komme. Ich trinke Eistee und gönne mir eine Torte. Mein Anschlussflug hat Verspätung. So viele Menschen, so viele Nationen, so viele Sprachen prallen an mein Ohr.

Flughafenenergie

Flughäfen sind für mich immer schon eigenartige Orte gewesen, mit sonderbaren Energien, unpersönlichen Energien. In Abflughallen weiß ich nie in welchem Land ich mich gerade befinde, es kann überall auf der Welt sein. Im Großen und Ganzen sehen Flughäfen überall gleich aus, kalt, unpersönlich, airconditioned, dumpf. Ich versuche, diese Energien aufzuspüren und zu sortieren, ich finde Warteenergie, Ungeduldsenergie, Vorfreudeenergie, Abschiedsenergie, Flugangstenergie, Geldenergie, Geschäftsenergie, Werbeenergie, Shoppingenergie, Weltenbummlerenergie, Hippieenergie, Hektikenergie.

Unglaublich, immer wieder bin ich aufs Neue erstaunt, wie müde mich die Luft in diesen Hallen macht, wie mich all die Gerüche verwirren, wie die Duty free-Läden es immer wieder schaffen, meine Nasenschleimhaut mit all den Parfumdüften zu verätzen und ihrer Sensibilität zu berauben.

Ungefiltert dringen die Ansagen der Abflüge an mein Ohr und ich finde keinen Platz, um zu verweilen, um zu sein. Wie ein Käfigtier äuge ich durch getönte Glasscheiben ins Freie und spüre eine tiefe Sehnsucht nach Natur und Ruhe in mir aufsteigen.

16.08.2010

Herrliche Beinfreiheit beim Flug genossen. Ich hatte neben mir einen freien Sitz und konnte, da ich gleich beim Notausgang saß, die Beine am gegenüberliegenden Sitz hochlagern. Habe während des Fluges nur mäßig geschlafen, bei uns ist es zwei Uhr morgens, hier aber schon zehn Minuten vor acht Uhr. Ich erhasche einen Blick aus dem Fenster, der Sonnenaufgang taucht die Steppe unter mir in ein wunderbares Streiflicht mit einem unglaublichen Regenbogen. Leider habe ich keinen Fensterplatz, erahne nur ab und zu einen Blick, der aber dringt in mein Herz, und ich weiß, warum ich da bin... da bin ich in dieser Stadt, die zwischen vier Bergen liegt, Ulan Bator.

Etwas später: Ich habe meine Frauengruppe am Flughafen getroffen. Wir besichtigen ein buddhistisches Kloster, hören die monotonen Gebetsgesänge der Mönche, der Himmel wechselt von pechschwarzen Gewitterwolken zu gleißend heißer Sonne. Überall Tauben, Tauben, Tauben, wenn du sie fütterst, begehst du eine gute Tat. Das unermüdliche Drehen der Gebetsmühlen finde ich anstrengend, mein Oberarm schwächelt bereits, als ich die Runde um die siebenundzwanzig Meter hohe Buddhastatue fertig habe. Alles im Kloster ist hier voller Taubenfedern. Es dürfen keine Fotos im Inneren des Klosters gemacht werden. Es ist das einzige Kloster in Ulan Bator, das die sowjetischen Säuberungsaktionen überlebt hat; indes drehen sich die

überdimensionalen Gebetsmühlen unter den gelben Dächern, Touristen kommen und gehen, Mönche schlurfen vorbei.

„Aravgurav" heißt auf mongolisch dreizehn, wir sind vollzählig und fahren weiter.

18.8.2010

Vier Uhr morgens, Dunkelheit, warten im Kleinbus, der uns zum National Airport bringen soll. Alles ist gut, ich beginne, in der Mongolei anzukommen, obwohl mein Körper bald in den Altai abfliegen wird. Hauptsache ich habe mein Tagebuch wieder, das mir tags zuvor in den Schlitz zwischen die Autobussitze gerutscht war.

Gestern hatten wir eine Begegnung mit einer Schamanin und deren Schüler. Was mich fasziniert hat, war die Achtsamkeit, Liebe und Achtung, mit der die beiden sich begegnet sind. Ja, sehr liebevoll war die Schamanin mit ihrem Schüler und der Junge war entzückend und präsent. Zuerst wirkte er etwas schüchtern, taute aber nach der Heilzeremonie, die für uns begangen wurde, total auf.

Das Ritual: ein Altar, Räucherstäbchen, Speiseopfer für Mutter Erde, eine Trommel, auf der sie reiste, monotone Gebete aus ihrem Mund mit dem Rhythmus der Trommel, die mich in einen tranceähnlichen Zustand versetzten. Plötzlich hatte sie eine andere Stimme. „Schnell, schnell", winkte der Junge, „sie ist in höchster spiritueller Kraft, jetzt sind Einzelsitzungen möglich."

Alles ging so rasch, plötzlich kauerte ich in gebückter Haltung vor ihr und spürte den schweren Stab auf meinen Rücken schlagen, verziert mit den himmelblauen heiligen Tüchern. Tiefe Seufzer stieß sie aus, die Schamanin. Ein paar Worte – fertig.
Die Dolmetscherin übersetzte mir die Worte von Tungaa: „Ich solle ins Krankenhaus gehen, wenn ich wieder daheim bin, ich sei krank."
Nach mir kamen noch drei weiter Frauen aus unserer Gruppe zu Einzelsitzungen dran, bevor Tungaa bewusstlos zur Seite kippte. Der Junge setzte sie sofort wieder auf, nahm ihre Hand und schlug den Rhythmus der Trommel, der sie erdete und zurückholte.
Mir verschlug es kurz den Atem!
Ja, über ihren Satz „Ich solle ins Krankenhaus gehen" muss ich noch meditieren. Er schockiert und beängstigt mich im ersten Moment. Nun aber spüre ich darin so eine Doppelbödigkeit, so eine verschlüsselte Botschaft, ich denke, dass sie nichts mit Krankheit zu tun hat.

Ist nicht jede Veränderung, die man in Leben machen möchte, ein spiritueller Weg bzw. eine spirituelle Erfahrung?
Ich breche auf um Altes hinter mich zu lassen und neue Wege zu gehen. Ach wie schwer sind sichere, gut eingetretene, alte Pfade zu verlassen. Der Weg ins Ungewisse, weg von der Sicherheit bringt viel Angst und Zweifel. Wenn mich der Gedanke, Mensch, du weißt ja gar nicht was das Neue bringt, du hast es ja noch nicht erlebt!"

Ich konstruiere ja nur meine Realität von Minute zu Minute neu und mache mir ein Bild von meiner Schrift.
Vertrauen braucht es, den Verstand auszuschalten und in Jetzt ankommen.
Spüren sie fühlt sich das Neue an?! — Kraftvoll, lebendig, erregend, freudig?!
Ja, genau das ist es. — zu fühlen, dass es gut ist und mit diesem Gefühl voran gehen.
Dem Universum vertrauen - ja, es sorgt für mich und will Gutes und Schönes für mich und die Welt!

Mir steht es zu, wie jedem anderen Menschen auch, die Seele ist die, wofür ich mich entscheide!

Verstand oder Intuition

Angst

Ich finde es immer wieder interessant, wie rasch Angst auszulösen ist, und wie schnell und ungehindert sie sich im Körper ausbreiten darf. Als würde sie auf unsichtbaren, breit ausgetretenen Pfaden ihren Weg finden, den Weg, den sie ja gut kennt, so scheint es zumindest. Ist Freude genauso lebendig? Breitet sich Freude genauso schnell aus?

Ich gebe zu, mich trafen die Worte der Schamanin wie ein Keulenschlag, und es war absolut nicht das, was ich hören wollte. Wenn ich ganz ehrlich zu mir bin, hatte ich mir eine kleine Bauchpinselei erhofft, hätte gerne von ihr gehört, wie spirituell ich unterwegs sei, eventuell auch, dass sie mich als Schülerin haben wolle. Ja, so etwas hatte ich mir vorgestellt ... Allerdings nicht in dem Moment, als ich vor ihr kauerte und meine Haare, die ich zu zwei Zöpfen geflochten hatte, sich in ihrem Stab verfingen. Da ging mir nur ein Satz durch meinen Kopf: Was mach ich hier, ich hab gar keine Frage und nur auf eine gute Frage bekommst du eine gute Antwort, Monika. Dann die kurze prägnante Aussage, du bist krank, geh ins Krankenhaus. Das machte mich wütend. Wieso kam diese Frau da mitten in der Mongolei auf die Idee, mich ins Krankenhaus zu schicken? Bin ich so schwer krank, dass selbst eine Schamanin mich nicht mehr heilen kann? Nein, sie hat nicht gesagt ich sei schwer krank, sie hat lediglich gesagt, ich sei krank. Aber wieso soll ich ins Krankenhaus? „Na ja, meine Blutsenkung ist ja schon seit einem Jahr nicht die beste", kreiste es sofort durch meinen Kopf. Ich dachte immer, das hängt mit meinen Wechseljahren zusammen und den immer wiederkehrenden Gelenksschmerzen, die mich durch die Hormonumstellung befallen. Nun aber dieser Satz!

Ich ließ mir in der Gruppe nichts anmerken, Schwäche gestehe ich mir nur ungern ein. Die liebevollen Umarmungen von zwei Frauen meiner Reisegruppe, die mich noch gar nicht kannten, trieben mir fast die Tränen in die Augen. Das alles spielte sich in nur wenigen Minuten ab. Meine Emotionen überschlugen sich, Wut, Zorn, Trotz, war mein Leben zu Ende, hatte ich Krebs? Ja natürlich, eine Freundin von mir ist ja an Gallengangkrebs gestorben. Es war Zeit, diese Spirale zu unterbrechen, das merkte ich deutlich, also bat ich noch mal um ein kurzes Gespräch mit Tungaa, die inzwischen wieder ihr Zivilgewand angelegt hatte. Ihre rotlackierten Fingernägel störten mich schon den ganzen Tag, und Stöckelschuhe trug sie auch in der Früh. Sollte eine Schamanin nicht barfuß gehen, derbe Hände haben und ein faltiges Gesicht? In Cambra Maria Skadés Buch sahen die ganz anders aus – so eine wollte ich sehen und haben. Aber nein, Tungaa war das komplette Gegenteil, sie legte Wert auf ihr Äußeres und war von Kopf bis Fuß gepflegt und gestylt, warf gelegentlich aus dem fahrenden Auto ein Zuckerstück in die Landschaft und murmelte dazu ein, zwei Worte. Ich glaube, es war ihre Art, Opfer für Mutter Erde zu bringen. Na, jedenfalls hockte ich mich noch mal zu ihr auf den Boden und sagte, ich hätte schon eine Blutabnahme gemacht und was noch zu tun sei, ich bin eben im Wechsel. Dann ist es gut so, meinte sie. Das machte mich noch wütender. Ich gab ihr eine Geldsumme, weil sich alle bei ihr auf diese Weise bedankten und sie für das Ritual nichts verlangt hatte. Also bezahlten wir sie individuell. Zehn Euro für den Satz: Ich solle ins Krankenhaus gehen.

Ich setzte mich neben mich und sah mir zu: Ich befand mich in einer herrlichen Landschaft mit Bäumen, welche eine Seltenheit in der Mongolei sind. Ich war am Vergleichen, Bewerten, Abwerten und schraubte mich spiralförmig ins Abseits. Dieses Muster war mir vertraut, das kannte ich nur zu gut bei mir. Nun war die Zeit, es zu unterbrechen, das wusste ich genau. Also begann ich zu atmen, konzentrierte mich auf meinen Atem, während die anderen scherzten und plauderten, zusammenpackten und ihre heiligen drei Zuckerstücke aßen, die wir alle von Tungaa bekommen hatten.

Ich hatte keine Lust auf Zuckerstücke, steckte sie in ein Plastiksäckchen zu meiner Edelweißblüte, die ich zum Trocknen gesammelt hatte und atmete weiter. Ich war in meinem Bauch angekommen. Da war es angenehm und sicher, da war keine Wut und kein Zorn mehr, da war Licht und Liebe und Sicherheit, eine tiefe Ruhe und Gewissheit. Da war Gesundheit in Hülle und Fülle und ein tiefes Wissen. Ich hatte Zeit, das wurde mir klar, es konnte warten bis daheim. Ich tauchte wieder auf, gesellte mich zur Gruppe und war bereit, die Reise fortzusetzen.

Ja, die Spirale nach unten kenne ich gut, die geht ganz schnell. Ganz schnelle Gedanken kommen, die mich überfallen wie ein Monster und in den ganzen Körper hineinfallen, mich überrumpeln.
Ja, das bewusste Atmen und Spüren ist eine wunderbare Sache. Wahrscheinlich bräuchte es das im Alltag viel öfters. Wie oft werde ich überfallen von Gefühlen, Gedanken, Menschen, Stimmungen – wie oft nehme ich mir dann eine Auszeit?
Das Werkzeug dafür habe ich ja immer dabei – vor an fällt es mir so schwer!
Ich glaube ich will es kontrollieren können in diesem Moment und Atmen würde ja bedeuten ich konzentriere mich auf das jetzt und auf mich und nicht auf den Schwall der auf mich einströmt.

Ich steige aus und atme, zentriere mich, nehme wor was gerade ist. Gebe dem keine große Bedeutung und sage „Ok, du bist gerade überflutet und entscheide mich ob ich den phöt gedenken möchte oder lieber atme und mich auf mich konzentrieren will.

Ja das klingt gut und wieder ist es was eher Neues zu tun und des Alte ist so gut gelernt.

Ich entscheide mich nun definitiv fürs Neue, atmen, zentrieren, wahrnehmen und keine Bedeutung geben!

So verliert es an Bedeutung und ich kann weitergehen!

Für nicht mal vier Stunden Schlaf heute Nacht, plus der Zeitverschiebung, bin ich erstaunlich fit. Unter mir die schneebedeckten Berge, nein, nicht Gipfel, es sind Berge voller Schnee und Gletschereis – so kündigt sich der Altai an. Unglaublich, Schnee, Schnee, Schnee unter mir, soweit mein Auge reicht, Seen, Flüsse, es entbehrt jeglicher Zivilisation da unten. Ganz vereinzelt glänzt da und dort eine Jurte im Sonnenlicht und die Distanzen scheinen enorm. Oh wunderbar, jetzt taucht gerade ein rosaroter See unter mir auf. Schon beim Aussteigen aus dem Propellerflieger (Landung erfolgte auf einer Sandpiste) schlägt mir eine atemberaubend klare Luft entgegen, ein blauer Himmel gibt die Sicht auf weiße Gipfel frei. Die Gesichter der übrigen Passagiere erhellen sich ebenfalls, es sind: eine Gruppe von vier Bergsteigern, die in vier Tagen den höchsten

Gipfel besteigen wollen, ein paar Mongolen und unsere dreizehnköpfige Frauengruppe.
Beim Ankommen im Jurtencamp begrüßen uns sogleich zahlreiche Milane, die sich über uns herunterschrauben, so als wollten sie uns inspizieren und willkommen heißen. Das Camp liegt an einem breiten Fluss, die Ziegen sind frech, stecken die Köpfe zur Jurtentüre herein. Rund um uns Berge. Die Stromleitungen sind die einzigen Zeugen der Zivilisation. Schwarze Rinder weiden am gegenüberliegenden Ufer malerisch in der Sonne.
Eigentlich gibt es hier nichts zu tun als anzukommen, zu lauschen und zu genießen. Eine innere Stimme sagt: „Steh auf Monika, geh Federn sammeln", doch mein Körper bleibt faul und träge auf der aufgeblasenen Unterlegmatte in der Sonne liegen.

Um siebzehn Uhr Tee getrunken, nach einem herrlichen Mittagessen in der gemütlichen Essensjurte, Hammelfleisch mit Gemüsepalatschinken. Nun sitze ich am Fluss und schreibe. Langsam gewöhne ich mich an die Flussrichtung des Gewässers. Bei meiner Ankunft dachte ich, der Fluss müsse in die andere Richtung fließen ... Irgendwie macht es mich schwindelig, wenn ich auf das Wasser schaue, aber die karge Landschaft dahinter gibt mir wieder Halt. Die Ufer hier sind recht grün, aber der Rest gleicht der Steinwüste in Marokko, die ich kenne.

Leider liegt hier doch etlicher Müll herum, ein Scherbenhaufen aus bunten Glasteilen, da und dort Plastikflaschen, vermengt mit Knochen und Fellresten. Gliedmaßen verstorbener Ziegen vervollständigen das ganze. Leben und Tod sind hier nahe beisammen.

Ab und zu donnern am gegenüberliegenden Ufer ein paar Lastautos vorbei und wirbeln Staubwolken auf. Sonst vernehme ich nur das Rauschen des Flusses; trotz der Sonne wird es allmählich kühl.

Mittwoch, nein, es ist schon Donnerstag, 19.08.2010
Die Zeit dehnt sich, um sich gleich darauf wieder zu verdichten. Das ist gut so.

Struktur geht bei mir verloren, obwohl uns immer wieder fixe Essenszeiten vorgegeben werden. In der Nacht gab es Sturm und Regen, aber in der Jurte in meinem Schlafsack war es herrlich kuschelig und bequem. Kaum kriecht die Sonne hervor, wird es angenehm warm. Die Vögel rufen, der Fluss rauscht jetzt lauter als in

den frühen Morgenstunden. Ich habe meine Yogaübungen in der Jurte gemacht und bin für die Standübungen an den Fluss gegangen, barfuß im feuchten Gras stehe ich in der Baumhaltung, ein gutes Gefühl.
Irgendwas macht mich aber noch wütend und aggressiv. Ich werde atmen. Ich atme, ich nehme wahr, dass es hier gut ist. Geschirrgeklapper hinter mir, ich sitze da, meinen Rücken an die Essenjurte gelehnt, die Sonne einsaugend. Ein Grillenschwarm sagt Guten Morgen zu mir.

Heute ganz zeitig in der Früh kam mich ein schwarzes zotteliges Yak und eine Kuh mit riesigen geschwungenen Hörnern besuchen. Es war ein wunderbares Bild. Noch pirsche ich zu meinem Fotoapparat, um es festzuhalten, es einzufangen. Ob sich das auch noch legen wird?

Die Jurte teile ich mit Bettina, einer interessanten Frau, die beruflich Yoni und Lingam-Massagen (Yoni - Sanskrit für Vagina, Lingam - Sanskrit für Penis) angeboten hatte, zur Zeit aber im Umbruch ist. Alle Frauen, die an dieser Reise teilnehmen, sind zwischen 45 und 53 Jahre alt, also alle mehr oder weniger auf der Suche, im Wechsel.

Eine interessante Zeit …

Von wo nach wo wechselt Frau da? Schon seit meinem vierzigsten Lebensjahr war ich fasziniert von der Vorstellung des Wechsels. Ich begann Bücher zu lesen und äugte fast etwas neidisch auf die Frauen, die bereits live darüber berichten konnten. In meinem Kopf war da eine Idee, die mich neugierig machte auf den neuen Abschnitt, ich wollte auch schon dort angekommen sein. Ich hatte so eine Vorahnung, dass das ein Abschnitt der Veränderung in meinem Leben werden könnte, und das fühlte sich spannend an. Jetzt bin ich im Wechsel, obwohl ich nicht genau sagen könnte, woran ich den Beginn merkte. Waren es meine kürzer werdenden Zyklusabstände, waren es meine plötzlich auftretenden Gelenksschmerzen und -schwellungen? Hing der Wechselbeginn mit meinen Kopfschmerzen zusammen, die ich bis dato nicht gekannt hatte? Ich weiß es nicht. Der Hormonstatus ist ja auch bloß so eine Momentaufnahme, so als würdest du mir ein Foto von einem Film zeigen und mich fragen, wie ich diesen Film finde. Es sind bloß Laborwerte, und ich blute nach einer fünfmonatigen Pause entgegen allen Prophezeiungen meiner Gynäkologin munter weiter. Ja, ich trau mich mit meinen Hormonen zu spielen, sie nach meinen Wünschen und Vorstellungen zu beeinflussen.
Obwohl ich des öfteren den Eindruck hatte, dass mir die Kontrolle über meinen Körper entglitten ist, und er ungefragt tut und lässt, was er will, glaube ich trotzdem, dass er einer höheren Ordnung folgt, die ich im Augenblick noch nicht sehe.

Meine körperlichen Symptome sind und waren oftmals recht unangenehm, und ich hatte große Mühe, mich auf etwas anderes als die Bedürfnisse meines Körpers zu konzentrieren. Beunruhigt haben mich meine Symptome aber nur im Kopf, mein Bauchwissen war sicher und ruhig, vertrauensvoll, bereit für den nächsten Schritt. Ich glaube, es ist wichtig, dem Wechsel Zeit und Raum zu geben, der Veränderung Platz zu machen und sie bei Bedarf liebevoll zu unterstützen. Es geht oft nicht darum, die Symptome möglichst schnell wieder los zu werden, sondern vielmehr in sie hinein zu hören und das Geheimnis dahinter zu entdecken, das Wunder, das dahinter steht.

Für mich ist es ein sanftes Gleiten, getragen werden, eine zögerliche Einladung zu mir selbst. So werde ich dann meinen dritten Lebensabschnitt beginnen, selbstbestimmt, mit Raum für mein Neues, in Liebe und Vertrauen in mich.

Vorbereitung für das Ritual
Suche dir ein fließendes Gewässer, spüre und lass in dir aufsteigen, was du im Moment nicht mehr brauchst, nicht mehr haben willst, was es gilt loszulassen, wovon du dich befreien willst. Setzte dich nun bequem an das Ufer und übergib all das dem Fluss oder Bach. Lass es das Gewässer mit sich fortschwemmen, forttragen, mitnehmen, du brauchst nichts weiter zu tun, als da zu sitzen und es zu übergeben. Nimm dir alle Zeit, die du dafür brauchst.

Am Bach - Gespräch mit mir am Fluss -
unbarmherzig trägt er mit sich fort - dazu muss ich ihn speisen.
Ich bin eingeladen loszulassen von den Mustern,
vom Bewerten, von „ich bin aber besser".
Oh, Monika, wie anstrengend ist das für dich und deinen Mann,
um seine Anerkennung und Aufmerksamkeit zu buhlen, unglaublich!

Die Wut, der Zorn, der Trotz,
sie sitzen im Brustraum,
fressen sich fest,
verkrallen und verankern sich,
wollen eine Daseinsberechtigung

Wenn der Atem strömt, wird es leichter.
Wenn die Liebe kommt, passiert Veränderung.
Noch ein Atemzug.
Ein Blick zu der schwarzen Kuh auf der grünen Wiese.
In die Berge des Altai mit den weißen Wölkchen darüber

Es wird eng im Brustkorb -
oh, die chinesischen Tabletten, die ich genommen habe?
Nein, Monika, du bist eny.
Um dich ist aber alles weit.

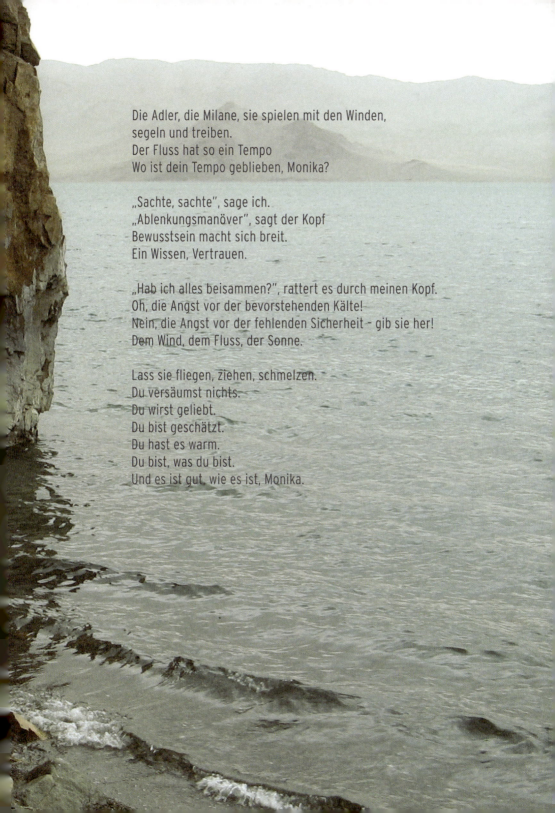

Die Adler, die Milane, sie spielen mit den Winden,
segeln und treiben.
Der Fluss hat so ein Tempo
Wo ist dein Tempo geblieben, Monika?

„Sachte, sachte", sage ich.
„Ablenkungsmanöver", sagt der Kopf
Bewusstsein macht sich breit.
Ein Wissen, Vertrauen.

„Hab ich alles beisammen?", rattert es durch meinen Kopf.
Oh, die Angst vor der bevorstehenden Kälte!
Nein, die Angst vor der fehlenden Sicherheit – gib sie her!
Dem Wind, dem Fluss, der Sonne.

Lass sie fliegen, ziehen, schmelzen.
Du versäumst nichts.
Du wirst geliebt.
Du bist geschätzt.
Du hast es warm.
Du bist, was du bist.
Und es ist gut, wie es ist, Monika.

Wir sind gegen Mittag mit drei geländegängigen Kleinbussen zur eigentlichen Tour aufgebrochen, die Ereignisse überschlagen sich. Riesig große Murmeltiere, Ziesel, huschen in ihre Erdlöcher, vorbei an Flüssen mit üppig grünen Wiesen, auf denen blaue wilde Iris blüht, Hochebenen mit Yakherden, Jurten, Ziegenherden, dreckverschmierte, sonnengegerbte Nomadenkinder winken uns zu. Mit atemberaubendem Tempo geht es über die Steppe. Gleich zu Beginn der Tour hatte das letzte Auto im Konvoi einen Kupplungsschaden und kam den ersten Berg nicht hinauf. Wir warteten am Pass auf die anderen, die ob der Panne den Aufstieg zu Fuß meisterten. Hier weht ein ordentlicher Wind, ich bin nicht richtig ausgerüstet, muss an meinen Mann denken, der trotz mangelnder Ausrüstung bei jeder Unternehmung, ohne zu murren, immer alles mitmacht.

In der Abendsonne bei eisiger Kälte unsere Kuppelzelte aufgebaut, im Licht der untergehenden Sonne treibt ein Reiter seine Yakherde nach Hause. Auf der Hochebene, die wir passierten, gab es so viele malerische Fotomotive: zwei einsame Reiter, die sich gerade getroffen hatten, unterhielten sich im Streiflicht, es gab unzählige schöne Bilder. Ich bin hier viel zu schnell unterwegs! Außerdem bin ich immer noch nicht im Hier und Jetzt. Die Sonne ist schon untergegangen, es wird grimmig kalt. Das Abendessen wird zubereitet. Es gibt köstlichen Fisch, die Gewässer sind hier voll davon. Zum Nachtisch bekommen wir Fruchtsalat mit Rosinen und Schokolade. Es weht ein saukalter Wind, das kochende Wasser, das ich trinke, wärmt meinen Körper von innen.

Vor dem Einschlafen im Zelt:
Außer dem Rauschen des Windes, dem Gurgeln des Flusses und dem dumpfen Gemurmel unserer Gruppe hör ich nichts, Weite und Nichts.

Freitag, 20.8.2010

In meinem Rucksack krame ich in der Morgensonne an einem windgeschützten lauschigen Platz nach meinem Tagebuch, finde als erstes meine Geldbörse. Wie unwichtig die hier ist.

Wieso macht mich meine mangelnde Ausrüstung so fertig? Nur weil ich keinen warmen Pulli mitgenommen habe und keine Handschuhe? Wieso mache ich es nicht einfach so wie mein Mann in solchen Situationen? Wieso jammere und zetere ich fortlaufend? Wieso kommt mein Kopf nicht zur Ruhe? Heute Nacht hatte ich richtig Angst, erst das Atmen machte mich wieder ein Stückchen freier. Jetzt weiß ich es, weil ich dauernd jeder und jedem etwas beweisen muss. „Siehst du, ich schaffe diese Reise auch ohne Handschuhe", tickt es in meinem Kopf. Ich hänge das an die große Glocke und erwarte Aufmerksamkeit von den anderen. Jedes Mittel ist mir recht für meine Aufmerksamkeit. Krank, ja echt krank ist das, Monika. Dann gibt es da noch so ein Muster: „Ich auch", heißt es. Was die macht, will ich auch und zu alledem noch besser machen. Ja, davon befreie ich mich im Hier und Jetzt.

Als ich heute Nacht zum Pinkeln aufgestanden und vor das Zelt getreten bin, war da wieder so ein irrer Sternenhimmel. Jedes Mal vergesse ich von Neuem, dass er da ist und meine Augen so lange nicht auf Besuch bei ihm waren. Und dann „schnuppte" es auf einmal für mich, eine Sternschnuppe zischte hinter dem Zelt auf die Erde. Ich war so froh und überrascht, dass mir im ersten Moment kein Wunsch einfiel, aber das ist mein Wunsch: Verhaltensmuster abzulegen und frei zu sein, frei für die Schönheit und Würde des Altai, frei für diese Landschaft, ihre Spirits, ihre Geräusche und Einladungen, ihre Überraschungen, ihre Freude. All das wartet nur darauf, entdeckt zu werden.

Bin knapp vor Sonnenaufgang aus dem warmen Schlafsack gekrabbelt, alles war voll Raureif in wattige Stille getaucht, und es herrschte eine klirrende Kälte. Göttin sei Dank, war ich noch genug aufgewärmt vom Zelt, um das Schauspiel des Sonnenaufgangs in Ruhe zu verfolgen.
Morgensonne am Fluss genießen, Gesicht waschen, immer wieder weht es hier Wellen herrlicher Düfte von Minze und Kamille in mein olfaktorisches System. Herrliche Kräuterdüfte trägt der Wind herbei, riecht es hier nicht auch nach Absinth? Sonst ist die Luft im Moment zart und frisch, jungfräulich fast. Vorsichtig und doch bestimmt, aber im höchsten Respekt vor dem nächsten Molekül, so präsentiert sich die Morgenluft. Keine Wolke ist am strahlend blauen Himmel zu sehen. Frieden kehrt in meinen Körper ein, Frieden mit mir und der Welt, es ist alles da: Ruhe, Sonne, Wasser, Landschaft. Ein paar Steine begrüßen mich und raunen mir zu: „Hier würdest du bequemer sitzen." Ich will es versuchen. So, nun sitze ich satt da, einen großen runden Kieselstein zwischen meinen Beinen an die Yoni gedrückt, lasse ich den Blick in die Ferne schweifen und erst jetzt erspähe ich die zahllosen Murmeltiere, die stoisch am Ufer Männchen machen und lauschen. Als ein großer Greifvogel über mich hinwegsegelt, verschwinden alle Murmeltiere wie auf Kommando in ihre Löcher und sind nicht mehr zu sehen.

Nach dem Frühstück auf meiner Schlafmatte am Flussufer noch ein Nickerchen gehalten, dann mich im Fluss gewaschen und frisch gemacht. Meine Yogaübungen barfuß im Gras mit Gletscherblick waren genial! Unser Ziel für heute ist der Nationalpark Tavanbogd Uul, das sind von hier noch sechzig Kilometer in westlicher Richtung.

Abends:
Wir haben unser Basislager aufgeschlagen, die Sonne war heute megastark. Wir befinden uns auf 2400 Meter. Ich war heute Vormittag müde und fertig, nach dem Mittagessen ging es mir wieder gut. Jetzt kommt wieder dieser eiskalte Wind. Ich sitze an einen mächtigen Stein gelehnt und schreibe.

Auf der Fahrt hierher haben wir bei einem türkisblauen See einen Stopp gemacht, es war herrlich, nackt im eiskalten kristallklaren Wasser eine Runde zu schwimmen, dahinter erhoben sich die schneebedeckten Berge. Reiher und andere Vögel stolzierten unerschrocken am gegenüberliegenden Ufer umher. Habe meinen Körper nach dem Schwimmen mit duftenden Kräutern eingerieben. Tagsüber ist ja hier eine brütende Hitze, aber kaum ist die Sonne untergegangen, wird es eisig kalt.

Der Förster des Nationalparks, der gleichzeitig Adlerjäger ist, hatte uns eingeladen, seinen Adler zu begutachten. Mir kam das grausig vor, ich finde es irre, einen Adler zu domestizieren. Dieses Tier hier war ein vier Jahre altes Weibchen und tat mir leid. Ich bin gegangen, wollte mir diese „Adlernummer" nicht länger ansehen.
Anschließend genossen wir mongolische Gastfreundschaft, es gab Yakmilchsahne (eine eher bröckelig-feuchte Konsistenz), getrockneten Topfen, „Eezgii" genannt, und so Teigbällchen, wir sagen bei uns daheim „gebackene Mäuse" dazu. Für die Nomaden ist das offensichtlich ihr Brotersatz und heißt „Boortsog". Dazu gab es Milchtee. Na, wenn das mein Bauch aushält, danke ich dem Himmel.

Ich finde es total idyllisch hier, es gefällt mir echt gut. Bettina, meiner Zeltnachbarin, geht es nicht so besonders, ich lasse sie in Ruhe. Da, wo wir campieren, ist es ein bisschen so wie in einem Kessel inmitten von Bergen. Malerisch umkreisen mich Schafherden im letzten Abendlicht. Wir haben irres Wetterglück! Die Nomaden, vorwiegend Kasachen, haben erzählt, vor zwei Tagen habe es bei ihnen geschneit. Jetzt ist der Abendhimmel wolkenlos, und die Mondin lacht mir zu. Ich finde immer mehr Ruhe und Frieden in mir.
Ich weiß ja jetzt auch, wie so alles abläuft.

Samstag, 21.8.2010

Ich krieche aus dem Zelt, wieder traumhaftes Wetter, den Sonnenaufgang versucht einzufangen. Diese unglaubliche Ruhe und dieser tiefe Frieden dringen in mein Herz. Schwarze zottelige Yaks im Morgenlicht. Rauch steigt aus den Jurten am Hügel oben. Ich werde herbeigewinkt. Meint die Mongolin, ich solle kommen? Ich nehme Augenkontakt in der Ferne auf und winke verhalten zurück. Ja, sie zeigt mir deutlich, ich soll kommen. Ich setze mich in Bewegung, vorbei an den friedlich zusammengekauerten Schafen, den vielen Schafböcken, deren Hörner in der Morgensonne glänzen. Ich werde in die Jurte gebeten.

Die Einundsiebzigjährige eilt herbei, setzt Wasser auf. Der Großvater und das Baby schlafen noch. Es hat vier Betten in der Jurte. Eine jüngere Frau stampft im Lederbeutel der an der Jurtenwand befestigt ist mit einem Holzstößel die Milch zu Butter. Der Sack ist zugebunden, ich kann den Inhalt nicht sehen. Der Alte, ich erfahre später, dass er vierundsiebzig Jahre ist, steht auf. Ich sitze auf dem einzigen Stuhl, den es in der Jurte gibt. Ich werde unruhig, weiß ich doch, dass wir bald aufbrechen von unserem Lager, um zum Gletscher zu reiten. Ich will mich verständlich machen, dass ich gehen möchte. Die Alte deutet mir, dass der Milchtee gleich fertig sei. Ich setze mich wieder, traue mich kein Foto zu schießen, obwohl die ganze Szene so idyllisch wirkt. Das Baby schläft noch immer friedlich in Decken gehüllt. Ich versuche es noch einmal. Mit Händen und Füßen probiere ich zu erklären, dass ich es eilig habe, und gleichzeitig kommt es mir absurd vor. Was ist Eile hier in dieser Weite und Ruhe? Die Alte beginnt mir auch mit Händen und Füßen was zu erklären, ich

verstehe sie nicht gleich. Aber dann zeigt sie mir ein riesiges Kariesloch in ihrem letzten Backenzahn. Neugierig beäuge ich mir ihr komplettes Gebiss und bin beeindruckt, dass da noch alle Zähne an ihrem Platz stehen und noch dazu strahlend weiß glänzen. Sie deutet auf den beherdeten Zahn, was will sie? Ein Schmerzmittel? Ah, nun verstehe ich, sie braucht eine Zahnbürste. Ist ja grotesk, an das hab ich nicht gedacht, ich hab zwar unzählige Gastgeschenke mitgenommen, Zopfspangerln, Kugelschreiber, Farbstifte, Hefte, aber an das Naheliegendste hab ich nicht gedacht, kurz ärgere ich mich über meine Gedankenlosigkeit. Soll ich ihr meine Zahnbürste dalassen? Dann müsste ich die restliche Reise allerdings ohne auskommen. Mein Egoismus siegt, ich erkläre ihr, dass ich keine Zahnbürste zu verschenken hätte und bringe ihr stattdessen eine Pinzette. Sie ist zufrieden, ich verabschiede mich und bedanke mich für die Einladung. Genährt und glücklich springe ich zu unseren Zelten zurück und bin dankbar für die guten Palatschinken, die auf unserem Frühstücks-tisch auf mich warten.

Aufstieg zum Gletscher

Atemberaubend schön! Sonne, schneebedeckte Bergrücken, Gletscher, Pferde. Wir sind noch nicht am endgültigen Rastplatz angekommen, zwei Kilometer noch, dann sind wir da. Ich habe Hunger, die Luft ist dünn. Ich bin an Wiesen voll mit weißem Enzian vorbeigeritten. Die sehen so aus wie unsere blauen Enziane und stehen in Gruppen. Am Fuß des Gletschers angekommen, schält unsere dreiundzwanzig jährige mongolische Köchin bereits Kartoffeln. Wir rasten in der prallen Sonne. Ich hab eine Quelle entdeckt und davon getrunken. Das Reiten hat mir total gut getan. Zuerst ist ein alter Mongole, sie nennen ihn „Chef", mit Hut und weißem Bart, an meiner Seite geritten, hat mein Pferd vorange-trieben und daran gehindert, nach rechts auszubüchsen. Eigentlich sah dieser Mongole eher majestätisch aus, nicht alt, man könnte auch stattlich sagen. Mir, einer unerfahrenen Reiterin, gab er jedenfalls unglaubliche Sicherheit. Beim Reiten über die Steppe, über die weichen graugrünen Matten, pfiff ein zorniger Wind, der mir sehr zusetzte. Entgegen allen Vorschriften zog ich mir deshalb während des Reitens meinen Anorak an und bekam prompt eine Rüge vom „Chef". Obwohl ich meinen Anorak bis oben hin zugemacht hatte, machte mich der Wind völlig fertig.

Jetzt liege ich mit vollem Bauch im Zelt und die schräg einfallende Sonne brennt auf meine Waden; ich genieße diese unheimliche Kulisse. „Tavan Bogd Uul" heißt „Fünf heilige Berge", das sind Mt. Malchin, was so viel wie „Der Nomade" heißt, Mt. Huiten, welcher der höchste Berg mit 4374 Meter ist und mit „Kalter Berg" übersetzt wird, dem Mt. Nairand, was so viel wie „Frieden" bedeutet, dem Mt. Burged, „Adler", und dem Mt. Ölgi. Da hab ich die Übersetzung leider nicht mitbekommen.

Wir campieren hier auf 3500 Meter, ich bin jetzt noch zweihundert Höhenmeter aufgestiegen, um im Sonnenuntergang den gesamten Gletscher überblicken zu können. Ich schnaufe, es ist anstrengend. Nach der Abendsuppe bin ich bei einbrechender Dunkelheit alleine zum Gletscher-Ovoo gewandert. Ovoos sind die heiligen Plätze der Mongolen in Form eines Steinhaufens. Die gläubigen Nomaden umrunden ihn drei Mal und legen bei jeder Umrundung einen neuen Stein als Opfergabe dazu. Besonders gefallen mir die blauen Tücher, die in der Mitte hängen um den Himmel zu symbolisieren. Genaugenommen ist ja diese ganze Hochebene ein heiliger Ort mit so viel Ruhe und Frieden. Der Bach plätschert, es gibt frisches Quellwasser, es ist unglaublich schön.

Habe keine Lust auf Abendgeschichten in der Gruppe und gehe jetzt schlafen, habe etwas Schnupfen von dem vielen Wind.

Sonntag, 22.08.2010
Lange geschlafen, habe leichtes Nasenbluten, es erinnert mich an die Höhe, auf der ich mich befinde. Am Bach Zähne geputzt und meinen Schoß gewaschen. Herrlich, die erste Morgentoilette direkt an der Quelle zu machen. Anschließend gab es köstliches Frühstück.

Das Wetter zieht etwas zu. Ich liege auf meiner Unterlegmatte im Schlafsack neben dem Zelt und unterhalte mich mit Bettina über Tantra und Berührung.

DICHT IST VERSCHWUNDEN
GEDEHNT DIE ZEIT
ZEIT FÜR DIE "ALTE WEISE"

ICH GEH MEINEN WEG
ICH WERDE KLAR
ICH DRÜCKE AUS – EIN VORSATZ

DAS WETTER ZIEHT ZU
IN MIR WIRD ES WEIT

DAS RAUSCHEN SCHWILLT AN UND
VEREBBT IM GEMURMEL DES BACHES

ICH GENIESSE UND LASSE GESCHEHEN
DER WIND ALS TRÄGER ALS BOTE
FÜR DAS NATURGEFLÜSTER

ICH BIN MÜDE UND FRIEDLICH
IN MIR UND MIT MUTTER ERDE,
DIE MICH TRÄGT, AUF DER ICH RUHEN DARF

Es war so wundervoll ...

... sich mit einer Frau über Sexualität und Berührung zu unterhalten. Es war nicht irgendeine Frau, nein, es war Bettina, eine Frau, die so eine Zartheit und so viel Feinheit in sich barg, die Tantra-Massagen gab, die sich mit Sexualität in einer anderen Dimension, als herkömmlich bekannt, beschäftigt hatte. Welcher Gleichklang in den Ansichten, ja, sie verstand mich. Bettina wusste, wovon ich sprach, wenn ich „absichtslose Berührung" sagte. Wir waren uns einig über die Sehnsüchte und Wünsche. Sie verstand, warum mir ein Augenkontakt so wichtig ist bei Gesprächen. Sie nannte die Dinge beim Namen. Die Augen sind der Spiegel meiner Seele, schau in die Augen deines Gegenübers. Leuchten sie, oder sind sie stumpf und matt wie Milchglasscheiben? Augen kannst du schminken, so viel du willst. Das Leuchten wird immer von innen kommen und nie vom Lidschatten oder Make-up. In der traditionellen chinesischen Medizin nennen wir dieses Leuchten „Shen". Augen die leuchten oder funkeln, stecken an, erotisieren, machen lustig, fröhlich, reißen dich mit. Wenn ich Menschen, die zu mir in die Ordination kommen, ansehe, schaue ich diesen Personen in die Augen, und dann weiß ich. Die Augen fangen zu sprechen an und berichten mir, was der Mund manchmal nicht über die Lippen bringt. Es sind nonverbale Botschaften, Botschaften der Liebe, der Verzweiflung, der Hoffnung, jedenfalls Botschaften aus den Tiefen des Körpers. Ich bin dankbar für das Vertrauen und die Aufrichtigkeit der Augen.

Bettina brachte es auf den Punkt, als ich ihr mühsam zu erklären versuchte, was ich in meiner Beziehung so vehement einfordere. Sie nannte es „die kleine Geste, die sagt, ich meine dich". Ja, es ist die kleine unscheinbare Berührung, die mir die Sicherheit gibt, dass ich geliebt, gesehen, wahrgenommen werde. Es ist das kurze Festhalten meiner Hand oder das zärtliche Streicheln über meinen Hinterkopf, das erfüllt mich, nährt mich und macht mich glücklich.

Es ist die Zeit miteinander, in der mir mit Präsenz begegnet wird, die Wertschätzung, die mir entgegengebracht wird, die mich bereichert. Es ist die Energie jenseits von Begierde und jenseits von Streben nach Befriedigung. Es geht in diesen Momenten um kein Ziel in der Zukunft, das „Orgasmus" und „Sex" heißt, nein, es geht um das liebevolle präsente SEIN.

Daher mag ich auch so gerne Geschenke, die nichts kosten! Es sind Geschenke, in Form von kleinen Gesten, die Kerzenstraße ins Schlafzimmer, die mich rührt, der Kreis aus kleinen Gänseblümchen auf meinem Kopfpolster, der mein Herz öffnet, der Liebesbrief in Form von vielen kleinen Zetteln, die ich wie ein Puzzle zusammensetze. Es ist der liebevoll gedeckte Tisch, das gute Essen, das mit Hingabe zubereitet wird, es ist die erste Herbstkastanie, die ich geschenkt bekomme, oder ein Stein, der mir eine Geschichte von dir erzählt. All das mag ich, es erfreut mich und bekommt einen Platz in meinem Herzen.

Sexualität beginnt für mich genau da, genau hier, in diesen vielen kleinen Momenten, die mich nähren, die machen mich weit und offen für mehr, neugierig auf den nächsten Schritt, die nächste Überraschung. Wie begegnet mir mein Partner auf der erotischen Ebene? Wie nimmt er meine Aura wahr? Ich mag es, wenn meine Aura gestreichelt und liebkost wird, wenn sie respektiert und bewusst wahrgenommen wird. Erst dann bin ich bereit für das Entstehen lassen der ersten vorsichtigen Berührung, im gegenseitigen Respekt, in Achtung und Aufmerksamkeit. Entstehen lassen im Moment, jeder Augenblick kreiert sich neu. Jede Zelle ist plötzlich hellwach, auf Empfang geschaltet, tauscht aus, sendet, empfängt, arbeitet auf Hochtouren. Die Energien beggenen sich, die nährende Wärme der Umarmung, der Atem trägt die Liebe empor auf die Ebenen der Ekstase, der Weite, der grenzenlosen allumfassenden Liebe.

Was ist Liebe? Liebe ist für mich so ein großer, weiter Begriff. Die Liebe zu Natur, zu meinem Mann, zu meinen Kindern, zu mir, zu meiner Berufung, zu meinen Freundinnen – da spüre ich überall Liebe, doch würde ich sie immer anders beschreiben.

Die Liebe zu Florian ist eine einzigartige
– sie spielt sich so zwischen den Zeilen ab, oft im nonverbalen, im Energiefeld, in Berührungen, in Blicken, Gesten
– was ganz Tiefes in mir zu spüren, lustvolles, erregendes, freudiges – Spezielles!
Oft begegnen unsere Körper sich
im Alltag nur so flüchtig, dann wieder intensiver mit aber festen, erotischen Strömung. Oft ist es ein Blick auf ihn und der mich bestätigt, dass ich genau diese Geste, Bewegung, Worte so liebe an ihm.
Bei meinen Kindern ist es so eine selbstverständliche Liebe, so eine nicht in Frage gestellte Liebe, so eine tief in mir gewachsene

und mit der Geburt mit hinausgetragene (geborene) Liebe, die immer da ist.

So rein gar nichts könnte die Liebe zu meinen Kindern zerstören oder in Frage stellen. Bedingungslos – absichtslos – tief getragene Liebe!

Wenn ich gut in meiner Mitte bin, in mir ruhe aufgehoben, mit mir in Reinem, Klaren, gut in Kontakt, im Urvertrauen mit all meinen Seiten, auch Schattenseiten, dann fließt Liebe in mir und auch wahrscheinlich in meiner Aura, die andere spüren und wahrnehmen (oder auch nicht!) Das ist ja egal, schön ist es Glück, Freude, Erotik, begehrend, weiblich, lustvoll, kraftvoll zu spüren und zu leben.

    Ist das alles denn
        auch
    Liebe?

Ich sitze am Bächlein das munter vor sich hingurgelt und eine Geschichte vom Gletscher erzählt. Eine Frau in unserer Gruppe ist krank, geht ihren Weg. Was ich aber sagen will: hier auf 3500 Meter, in der Kraft der Berge, hab ich ganz zart meine Menstruationsblutung bekommen; ich glaube, das hängt mit der Verbindung zur Natur zusammen. Es sind die Moose, die Orchideen, die gelben Anemonen, die hauswurzartigen Gebilde, die am Wasser blühen.

Gesegnete Ruhe und Stille umgibt mich. Immer wieder unterhalte ich mich heute mit Bettina über Sexualität. Ich spüre von Minute zu Minute deutlicher, was ich brauche: einen erwachten Mann, einen, der artikuliert, seine Bedürfnisse ausdrückt. Einen, der sich traut, sich auf mich, die sich ja auch nicht auskennt in ihrem Schoß, einzulassen – einzulassen auf die, die jetzt weiß, dass sie sich auf den Weg macht ins Ungewisse, auf neuen Schwingen in ein neues Begegnen. Wahrscheinlich impliziert diese neue Begegnung auch eine achtsame neue Sexualität. Einzulassen auf die, die den verbalen Austausch sucht, die in jeder Zelle berührt werden will, ohne wenn und aber, einen gemeinsamen Weg zu beschreiten. Ich bin bereit. Jede Zelle in mir sehnt sich nach achtsamer präsenter Berührung, giert nach Erforschen und Austausch von Energien, die vom ganz feinstofflichen Bereich bis in den körperlichen Bereich gehen dürfen.

Meine Zellen in Resonanz mit meinem Gegenüber. Ja, diesen Weg will ich mit meinem Partner gehen. Ich werde ihn dazu einladen und hoffe, dass er meiner Einladung folgt, weil ich ihn schätze und liebe, weil ich ihn gut riechen und schmecken kann, weil ich ihm vertraue und er mich nährt. Nun ist die Zeit reif für mich. Ich bin fünfzig und will es zeigen dürfen und wieder erfahren, die tiefe Begegnung jenseits von allem wenn und aber. Ich will mich die Liebesspirale hinaufwinden, wo jede und jeder immer wieder neu überprüft, wie es jetzt gerade ist. Ich will halten und gehalten werden. Ich will sehen und gesehen werden, ich will berühren und berührt werden. Ich will nährenden Austausch mit meinem Herzenspartner, und mein Körper hat keine Zeit mehr zu warten.

Habe mich alleine zum Gletscher aufgemacht und raste im Abendlicht. Vor mir blüht Edelweiß, raunt ein Bächlein, dahinter erheben sich majestätisch die rostroten Berghänge, schauen zwei verdutzte Kamele, die mich entdeckt haben. Am Horizont weidet eine Pferdeherde. Mit lautem Pfiff erschreckt mich ein fettes Murmeltier und rast vor meinen Füßen zu seinem Bau – ist das alles Wirklichkeit? Gibt es so viel Schönheit auf einem Fleck namens Mutter Erde. Noch nie in meinem Leben habe ich so viele Edelweiß, Ziesel und Murmeltiere gesehen. Was für eine Fülle, was für ein Einklang, was für ein Frieden, oh welche Ruhe! Ich bin glücklich und aufgetankt, ich brauche genau dieses Glück, ich bin in Frieden mit mir, eins mit der Natur und ihren Geräuschen.

Montag, 23.8.2010

In der Nacht der Himmel bedeckt, nur wenige Sterne kommen zum Vorschein. Es zieht zu, nachdem es ja gestern geregnet hatte. Wir bauen die Zelte ab, ich bin schon fertig, daher sitze und schreibe ich und genieße die Zeit für mich. Ein kühler Wind bläst seit der Früh, es ist deutlich kälter als gestern. Habe mich am Morgen am Bach gewaschen, ganz zart blutet mein Schoß einen braunen Strich in die Vorlage, irgendwie wusste ich, dass ich im Altai nach langer Zeit wieder bluten werde, habe deshalb auch die Binden mitgenommen.

Bald werden wir aufbrechen und wieder absteigen, diesmal zu Fuß. Mona ist krank, hatte gestern Fieber, nimmt Antibiotika, eine andere Frau hat Kreislaufprobleme und kann auch nicht gehen. Göttin sei Dank, ich fühle mich wohl. Ich freu mich auf's Gehen. In der Früh gab es zum Frühstück frische Palatschinken. köstlich schmeckten die! Ich bin satt und ausgeschlafen.

Der Abstieg

Erschöpft lehne ich an einem großen Stein. Der Wind hat meine bleischweren Beine vorangetrieben. Ich bin müde, sehr müde, diese unglaubliche, nicht enden wollende Weite. Angst durchzuckt mich, steigt hoch. So weit mein Auge reicht, sehe ich keinen Menschen, ich fixiere einen Punkt und steuere darauf zu. Unebenes Gelände verlangt die Präsenz meiner Füße, immer wieder faszinieren mich Edelweiß, weißer Enzian, riesige Veilchen und andere wunderbare Blumen, die mich auf die Knie zwingen. Ich mache ein Foto, es zieht mich förmlich in die Erde, ich will bleiben, kauere mich auf die Erde. Am Himmel fetzen Wolkenschleier dahin und es wird düster. Ich muss weiter. Teilweise torkle ich nur, dann geht es streckenweise wieder ganz gut voran. Je tiefer ich absteige, desto wärmer werden die Temperaturen. Ich rapple mich hoch, breche auf zu den Kamelen, die unsere Zelte, Schlafsäcke und Schlafmatten ins Tal gebracht haben. Mitten in der Weite begegnen mir wilde Pferde, ihre Mähnen flattern und wehen im Wind, so schön sieht das aus!

„Back to civilisation". Zivilisation heißt in diesem Zusammenhang, dass wir bei unseren drei Autos angekommen sind, die verloren in der Weite herumstehen. Die Nomadenkinder umringen uns und bekommen Geschenke, dafür werden wir in ihre Jurten eingeladen. Ich höre Nina Hagen im iPod und bin echt zu müde und fertig, um der Einladung zu folgen.

Als ich vom Berg herunterkam waren die Zelte schon aufgebaut und Chanda erwartete uns mit heißem Tee, Kaffee und Keksen! Göttlich! Eine Freundin hatte beim Abstieg eine Peitsche gefunden und wir scherzten und lachten auf unseren blauen Plastikschemeln.

Heute ist fast Vollmond.

Nach dem Abendessen spendieren unsere Fahrer etwas zu trinken und wir singen gemeinsam. Ich höre sehr schöne mongolische Lieder, hinter uns die Mondin und das Rauschen des Baches. Ein Fahrer hat, während wir am Gletscher waren, verbotener Weise ein Murmeltier geschossen, aber heute bin ich zu müde, um zu warten, bis das Fleisch fertig gekocht ist.

So, jetzt bin ich doch noch mal aus meinem warmen Schlafsack gekrochen, und ich muss sagen, Murmeltierfleisch schmeckt köstlich, besonders mit roten Zwiebeln.

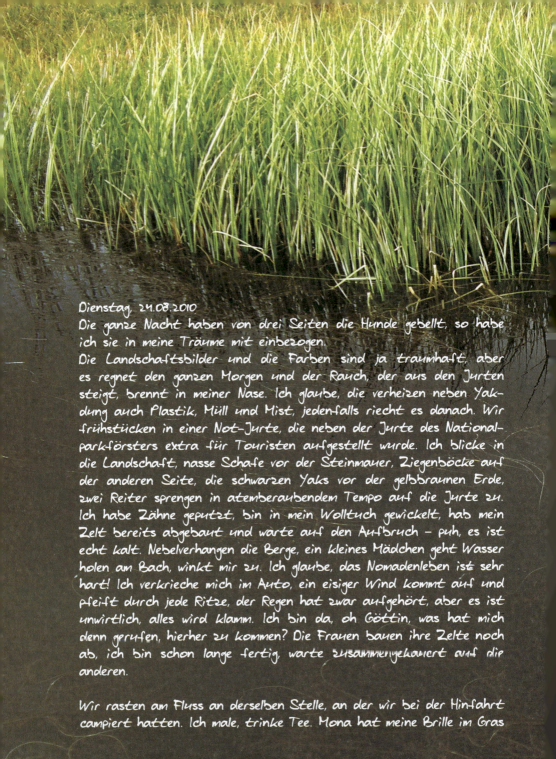

Dienstag, 24.08.2010
Die ganze Nacht haben von drei Seiten die Hunde gebellt, so habe ich sie in meine Träume mit einbezogen.
Die Landschaftsbilder und die Farben sind ja traumhaft, aber es regnet den ganzen Morgen und der Rauch, der aus den Jurten steigt, brennt in meiner Nase. Ich glaube, die verheizen neben Yakdung auch Plastik, Müll und Mist, jedenfalls riecht es danach. Wir frühstücken in einer Not-Jurte, die neben der Jurte des Nationalparkförsters extra für Touristen aufgestellt wurde. Ich blicke in die Landschaft, nasse Schafe vor der Steinmauer, Ziegenböcke auf der anderen Seite, die schwarzen Yaks vor der gelbbraunen Erde, zwei Reiter sprengen in atemberaubendem Tempo auf die Jurte zu. Ich habe Zähne geputzt, bin in mein Wolltuch gewickelt, hab mein Zelt bereits abgebaut und warte auf den Aufbruch – puh, es ist echt kalt. Nebelverhangen die Berge, ein kleines Mädchen geht Wasser holen am Bach, winkt mir zu. Ich glaube, das Nomadenleben ist sehr hart! Ich verkrieche mich im Auto, ein eisiger Wind kommt auf und pfeift durch jede Ritze, der Regen hat zwar aufgehört, aber es ist unwirtlich, alles wird klamm. Ich bin da, oh Göttin, was hat mich denn gerufen, hierher zu kommen? Die Frauen bauen ihre Zelte noch ab, ich bin schon lange fertig, warte zusammengekauert auf die anderen.

Wir rasten am Fluss an derselben Stelle, an der wir bei der Hinfahrt campiert hatten. Ich male, trinke Tee. Mona hat meine Brille im Gras

wiedergefunden, die ich auf der Hinfahrt verloren hatte, unglaublich! Mitten in der Mongolei findet sie meine Brille wieder! Die Murmeltiere sind gerade alle in ihren Bau gehuscht. Ich esse ein paar Kekse, höre Tinariwen (eine Musikgruppe aus Mali), dazu taucht derselbe Reiter auf, wie beim letzten Mal, als wir hier campierten, und hockt sich zu unseren Fahrern auf den Boden. Entspannte Stimmung in der Gruppe, zwischen den Wolken lugen ein paar Sonnenstrahlen durch. Ich hole das Fernglas, erst jetzt erkenne ich die vielen Pferde in der scheinbar leblosen Ebene, unglaublich viele Pferde und Schafe gibt es da hinten.

Nach fünfzehn Stunden haben wir unseren Schlafplatz an einem Fluss erreicht. Üppiges Grün empfängt uns, eine Erholung nach all der kargen Steinlandschaft. Ich hab an einer tiefen Stelle im Fluss ein Bad genommen, meine Haare gebürstet, meine Haut eingeschmiert, mich gepflegt. Ein neues Lebensgefühl macht sich breit, so frisch lässt sich mühelos das Zelt aufstellen. Ich liege in der Sonne mit Blick auf die drachenrücken ähnlichen Berge. Halbzeit der Reise. Ich denke heute pausenlos an meinen Mann, wünsche mir mit ihm meine Erlebnisse und Eindrücke zu teilen, weiß aber gleichzeitig, dass ihn dieser Urlaub nicht begeistern würde. Hab etwas Heimweh. Denke auch an meine Kinder, besonders an meinen Sohn, der ja bald Geburtstag hat.

Dieser Platz hier am Fluss besitzt eine wunderbare Energie, die scheinen auch die Moskitos zu spüren. Es hat hier so viel Grün, dass sie die Wiesen mähen, um im Winter Heu für die Tiere zu haben. Die Landschaft am Weg hierher war von Etappe zu Etappe sehr verschieden. Hier ist sie sanft, oben war sie schroff. Mit dem Auto sind wir eine andere Strecke zurück gefahren, als bei der Hinfahrt. Eines unserer Autos verliert Öl, raucht, angeblich haben die Bremsen was, wir mussten daher öfters stoppen und den Wagen abkühlen lassen.

Mittwoch, 25.8.2010
Ganz in der Früh hat es geregnet, ganz sachte nur. Als ich richtig aufgewacht bin, saßen schon alle beim Frühstück. Ich muss bis neun Uhr oder länger geschlafen haben. Jedenfalls war das Wetter warm und sonnig und die grünen Wiesen glänzten im Morgenlicht. Nach der Morgentoilette alles zusammengepackt und ein kleines Ritual zelebriert. Alles, was ich nicht mehr brauche, in einen Stein gepackt und dem Fluss übergeben. Anschließend uns zu einer Feedbackrunde in der Gruppe zusammengefunden, die mich sehr berührt hat. Ich musste weinen, lasse immer wieder ein Stück los, werde immer müder, langsamer, anspruchsloser, plötzlich kommt mir hier alles ganz normal vor, die Weite, die Ruhe, die Einsamkeit.
Ich liebe es, im Bach die Zähne zu putzen und dabei der Morgensonne entgegen zu blinzeln. Ich liebe es im Zelt zu schlafen, barfuß durchs Gras zu laufen, meine Augen in die Gegend schweifen zu lassen – in die Weite. Ich freue mich gerade, nehme bewusst wahr, wie wunderschön der Sprechstab und die Kreismitte der Feedbackrunde gestaltet waren. Ich liebe es, wenn andere Frauen auch so empfinden wie ich.

Kraftplätze errichten

Immer wieder komme ich drauf, wie wichtig es für mich ist, Plätze zu gestalten, aufzuladen mit meiner Energie, meiner Zeit, Zeit, die ich aufbringe um ein Mandala zu legen. Gelegentlich vergesse ich, wie genüsslich es sich anfühlt mit meinen Fingern ein paar Wiesenblumen ins feuchte Moos zu drücken. Genial, was uns Mutter Erde in der größten Selbstverständlichkeit zur Verfügung stellt, wie ich durch so einfache Dinge genährt werde, wie Knochen, Federn, Steine, die nach mir rufen und ein Stück mitgenommen werden wollen. Oh, wie verschiedenartige Blätter es bei uns im Wald gibt, was für schöne Ornamente ich da oft gelegt habe, um dann meine Wanderung fortzusetzen. Es sind Plätze, die ich errichte, ohne jeglichen Besitzanspruch, es sind Energien, die ich hinterlasse, die meinen Dank ausdrücken sollen, meinen Dank an diese wunderbare Erde, die unermüdlich hervorbringt und zur Verfügung stellt.

Steingebilde, Wackelsteine, Steintürme, Steinspiralen, Schwemmholz auf Kieselstein, Erdfarbenrausch, Blumengirlandentanz auf Windböe, Blätterschlangengezische auf Flußgeplätscher, Zwergengarten hinter Moosbetten, Schneckenhaus mit Wiesenblume, Tautropfengeglitzer auf Federflaum, Grashalmgewebtes, Spinnennetzgeflüster, Löwenzahnkränze in Haarlocken, Glockenblumengeläute, Eichelpfeifenrauch, Holzstockgeschnitztes, Flusssandmalerei, Schilfrohrflötenmusik ...

Jetzt sind wir wieder, durchgerüttelt von der Autofahrt, im Jurten Camp in Hovd gelandet. Frisch geduscht und Haare gewaschen – ein wunderbares Gefühl. Tee getrunken (der war die letzten zwei Tage ausgegangen, und so hatte ich nur mehr abgekochtes Wasser getrunken), die Schmutzwäsche am Fluss gewaschen, die jetzt auf den spitzen Gräsern zum Trocknen in der Sonne liegt.

Donnerstag, 26.8.2010
Hab heute schon eine Morgenspaziergang unternommen, ausgiebig im Jurtencamp gefrühstückt und an meinen Sohn eine Geburtstagskarte geschrieben. Das Wetter ist bewölkt, ab und zu lugt mal die Sonne durch, jedenfalls ist es wesentlich wärmer als die letzten Nächte.
Zum Einschlafen war es recht laut, weil in der Nebenjurte noch gesungen und Gitarre gespielt wurde. Ich bin froh, dass wir heute weiterziehen, denn nach dem Aufenthalt in den Bergen wirkt es hier nicht mehr so idyllisch wie beim ersten Aufenthalt. Trotzdem muss ich sagen, die Reiter auf ihren schwarzen Rössern am gegenüberliegenden Flussufer sehen noch immer malerisch aus.
Bald brechen wir nach Ölgy, eine Stadt im Westen der Mongolei, auf, besuchen dort eine Frauenkooperative, um zu shoppen. Gestern Abend viel an daheim gedacht, an meine Arbeit, an meine Familie. Ich hab schon ziemliche Sehnsucht nach meinem Mann. Dachte mir anfänglich, es wäre nicht so arg, wenn ich unterwegs bin, aber ich sehne mich schon total nach seinem Körper, nach seiner Stimme, nach seinen Augen, nach seinen Umarmungen, wenn ich mich an seine Brust lehne.

Aufbruchsstimmung: Wana spielt Gitarre und singt. Ich mache Yoga, wir rechnen die Waschkosten ab, ein paar Frauen schreiben am Fluss Tagebuch. Ich verspüre eine angenehme Energie in mir. Die Fahrer packen die Autos für die Weiterfahrt.

Meine Augen sehen nicht so scharf, sie haben Probleme mit dem Fokussieren. Ich gebe ihnen Zeit, aber sie sehen nur in einer ganz bestimmten Distanz scharf. Die Brille wird mir immer unangenehmer. Vielleicht ist es gar nicht so wichtig, scharf zu sehen?

Leichtigkeit

* gerne hätte ich meine Freundin Irmi da

halte Einzug
verweile, lass dir Zeit
Frauenenergie dehnt sich aus
trifft aufeinander
gleitet vorbei
es gibt kein Festhalten
jeder Moment kreiert
sich neu

Manchmal nervt es mich, dass mein Augenlicht schlechter wird, gelegentlich hat es auch Vorteile. Ich bemerke, dass es oft nicht so wichtig ist, scharf zu sehen. Soll ich ab nun mehr nach innen schauen? Wird dieser Blick nach innen schärfer oder darf da auch der Weichzeichner seine Hand im Spiel haben? Wozu hat es die Natur so eingerichtet? Hat es die Natur überhaupt eingerichtet oder hängt das nicht mit den Stunden zusammen, die ich vor meinem Computer verbringe. Nach zwei bis drei Wochen Urlaub, in denen ich in den blauen Himmel geschaut habe, kann ich plötzlich wieder ohne Brille lesen. Theoretisch kann ich ja meine Sehkraft trainieren, aber irgendwie bin ich da nicht konsequent und eher lustlos.

Was mir auffällt, seitdem ich schlechter sehe: ich bin weniger kritisch mit vielen Dingen, die Konturen werden sanfter, Auslagen finde ich schön und inspirierend. Oft kommt die Ernüchterung, sobald ich meine Brille aufsetzte. Die Preis-schilder kann ich nur mehr erahnen, wenn sie klein gedruckt sind. Ich sehe, wenn ich mich in den Spiegel schaue, meine Mitesser nicht mehr, meine ruppige Borste am Kinn, die sich alle 3 Wochen meldet finde ich nur mehr mit Vergrößerungsspiegel. Spieglein, Spieglein an der Wand, wieso sehe ich ohne Brille nicht mehr scharf? Vielleicht weil ich mir als Teenager immer eine Brille gewünscht habe, mir sogar ein altes Lorgnon (Lesehilfe) meines Urgroßvaters mit Fensterscheiben versehen ließ.

Eine Stunde in der „Stadt" herumgeschlendert, weil die Frauenkooperative im Museumsshop noch nicht offen hatte. Staubig, windig, dreckig, alles kyrillisch, eine Schrift, die ich nicht lesen kann. Bei den Frauen wunderbare Stoffe und Stickereien gekauft. Gehandelt, gelacht, gescherzt.

Freitag, 27.8.2010
Herrliches Frühstück in der Morgensonne. Blick auf die Berge, deren schneebedeckte Grate gegen den blauen Himmel leuchten, ein paar weiße Wölkchen tanzen frech am Himmel. Hab heute früh vor dem Frühstück einen wunderbaren Morgenspaziergang unternommen.

Vorbereitung für das Ritual
Gehe ins Gelände, in die Natur. Atme und erde dich, sodass du gut verwurzelt bist. Nun suche dir einen Gegenstand, oder lass dich von ihm finden, einen Grashalm oder ein besonderes Blatt zum Beispiel, jedenfalls ein Gegenüber in der Natur, das dich anspricht, das nach dir ruft. Beobachte dessen Bewegung und geh in Resonanz, lass einen Tanz entstehen zwischen dir und deinem Gegenüber, lass dich davon inspirieren und tragen, lasse kommen, lass dich überraschen.

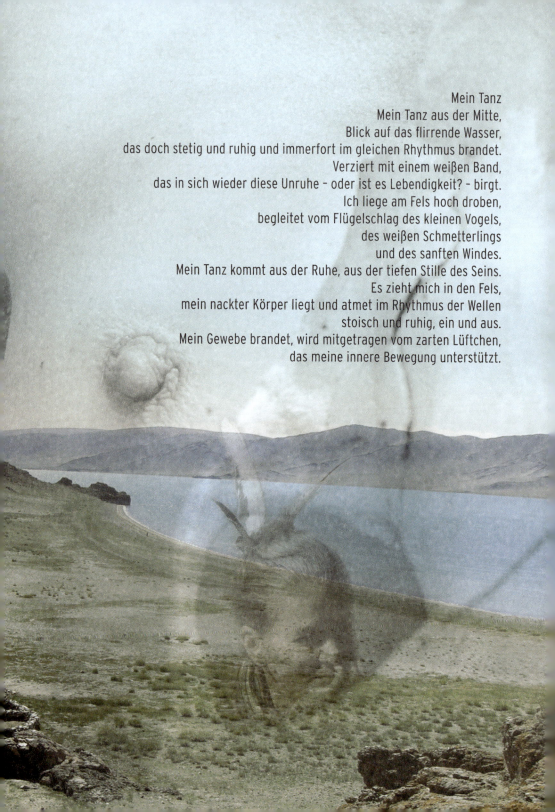

Mein Tanz

Mein Tanz aus der Mitte,
Blick auf das flirrende Wasser,
das doch stetig und ruhig und immerfort im gleichen Rhythmus brandet.
Verziert mit einem weißen Band,
das in sich wieder diese Unruhe - oder ist es Lebendigkeit? - birgt.
Ich liege am Fels hoch droben,
begleitet vom Flügelschlag des kleinen Vogels,
des weißen Schmetterlings
und des sanften Windes.
Mein Tanz kommt aus der Ruhe, aus der tiefen Stille des Seins.
Es zieht mich in den Fels,
mein nackter Körper liegt und atmet im Rhythmus der Wellen
stoisch und ruhig, ein und aus.
Mein Gewebe brandet, wird mitgetragen vom zarten Lüftchen,
das meine innere Bewegung unterstützt.

Tiefer Friede breitet sich aus.
Immer wieder huschen Gedanken durch meinen Kopf,
mein Körper ist da, präsent und ruhig... nackt.
Immer wieder entsinne ich mich, erinnere ich mich an den Tanz,
gehe bewusst in meinen Atem,
achte auf die Berührung des Windes auf meiner Haut.
Das Flirren und Glitzern am Wasser nimmt zu
und doch strahlt es so eine Ruhe, so eine Glattheit und so viel Frieden aus.

Wie können zwei so gegensätzliche Bewegungen nebeneinander existieren?
Im Wasser geht das, es ist schnell und langsam zugleich,
es braucht seinen Rhythmus und seinen Gesang, und so brauche es ich.
Außen bin ich ganz anders als in mir drinnen, wo ich wie ein Stein ticke.
Außen, vom Wind berührt, treibt es mich mal hierhin, mal dorthin,
und dann verbindet sich das Innen mit dem Außen zu einem Kunstwerk,
welches Monika ist.

Halb drei Uhr – angeblich –, Abschied vom See mit all seinen Farben, seinen Facetten. Eva Cassidy im Ohr, Sonne auf meinen Körper, ein kühler Wind von hinten sorgt für Ausgeglichenheit.

Adler schrauben sich hoch. Wir essen Erdnüsse. Ein Ambulanzwagen fährt in wilder Hast an uns vorbei. Wir machen Pause in der schroffen Berglandschaft. Wie sich später herausstellt, gehörte der skurrile Ambulanzwagen ein paar amerikanischen Touristen, die in Richtung Hovd (Stadt im Westen der Mongolei) unterwegs, uns beim nächsten Fluss gestoppt haben, um nach dem Weg zu fragen. Die Piste führt über Matten von Wiesen, dahinter schneebedeckte Berge, malerische Schafherden, Weiden. Es gilt viele Bäche und Flüsse zu durchqueren, unser Auto rast dahin, dazu spielt immer die gleiche mongolische Kassette. Wir rattern vorbei an Lastautos, vollbepackt mit Hausrat und der zusammengelegten Jurte – daran erkenne ich, eine Nomadenfamilie zieht um. Die Fahrt passt mir, ich sitze vorne auf dem Beifahrersitz und bin glücklich, genieße, schieße Fotos, fühle mich gut. Nach kurzer Pinkelpause geht es weiter, einmal bleibt unser Auto im Flussbett hängen, wir steigen aus, lachen, scherzen, und setzten die Fahrt fort, bergauf über holprige Wiesen.
Wir halten, sind angekommen, sind da, an einem kleinen Bach werden die Zelte aufgebaut. Ich mache eine Wanderung für mich alleine, möchte die Gegend erkunden. Schon nach wenigen Metern sehe ich nichts mehr, keine Zelte, keine Autos, keine Menschen. Soweit das Auge reicht, nichts – Knochen, Wiesen, sonst nichts. Seit Ulan Bator habe ich keinen Baum mehr gesehen, endlose Weite.

Wir lagern auf zweitausendfünfhundert Metern. Es ist grimmig kalt, kaum dass die Sonne untergegangen ist. Im Abendlicht spielen wir Strafball, wenn du nicht fängst, musst du auf einem Fuß balancieren. Als Ball dient ein ausgestopfter Handschuh. Der Rest der Gruppe sitzt frierend um den bereits aufgestellten Tisch. Nach dem Essen wollen wir ein Feuer machen, einige der Frauen haben Dung gesammelt, aber leider den Falschen. Erstens waren die Fladen zu feucht und außerdem hatten die Frauen auch Pferdemist gesammelt, folglich qualmte das Feuer entsetzlich. Ich sehe all die Sterne und beobachte die Mondin, wie sie langsam hinter dem Bergkamm emporsteigt, ein wunderschönes Licht, dieses Mondinnenlicht. Bin ins Zelt gegangen wegen der Kälte und all dem Qualm der in den Augen brennt. Ich krieche in meinen warmen Schlafsack und höre die Fahrer am Feuer mongolische Lieder singen. Als ich noch am Feuer saß, ist lediglich die Wodkaflasche im Kreis gegangen, das finde ich etwas öde, das viele Trinken in der Gruppe. Unsere Leiterin ist noch immer nicht gesund, aber sie raucht und verhält sich recht unvernünftig. Genug gelästert, ich werde jetzt noch kurz mit meiner Stirnlampe lesen und dann schlafen.

Samstag, 28.8.2010

Nach dem Frühstück sitze ich jetzt im Zelt, es weht ein eisiger Wind, es ist kalt am Fuße des Gletschers. In der Nacht als ich zum Pinkeln aufgestanden bin, war unser Zelt von einer richtigen Eisschicht überzogen. Die Kälte und der Wind sind eine mörderische Kombination. Die Gesichtswaschung in der Früh am Bach hat meine Finger komplett erstarren lassen. Ich ziehe mich jetzt um, denn wir planen, zum Gletscher zu wandern.

Ich raste am Gletscherbach, graue, zerzauste Wolkenfetzen am Himmel, male den Gletscher in mein Tagebuch. Ich denke an meinen Partner, an sein Segelbootprojekt, an daheim, Sehnsucht steigt auf. Mona hat mir angetragen, im Anschluss an die Reise noch eine Woche in die Wüste Gobi mitzukommen. Ich passe, will heim zu meiner Familie. So plaudern wir über künftige gemeinsame Reiseorganisationen, über den russischen Altai, über die russischen Männer, über das Saufen. Allmählich wird es hier etwas frisch, ich werde den Rückweg antreten.

Wir rasen durch die Landschaft, mit kurzen Pinkelpausen, Richtung Hovd. Hier entlang dem Flusstal ist es sehr grün. Die Bergkämme gleichen wieder Drachenrücken, Reiter sprengen an uns vorbei, eine wackelige Holzbrücke. Auf dieser Fahrt hatte ich erstmals das Verlangen nach einem Sicherheitsgurt, verspürte erstmals einen Impuls, mich anzuschnallen.

Endlich im Jurtencamp in Hovd angekommen, geduscht, noch zwei Stunden bis zum Abendessen, ich bin hungrig, durchgerüttelt, etwas erschöpft. Das Camp liegt im Nowhere, Steinwüste, soweit das Auge reicht, heute sollen nach dem Abendessen zwei mongolische Musiker kommen. Ich habe gerade ein bisschen einen Tiefpunkt, vielleicht hat das auch mit den Höhenmetern zu tun. Wir haben heute 1000 Meter Höhenunterschied bewältigt. Das Camp liegt auf 1700 Meter. Ich bin hier essensfixiert, macht das die Höhe? Hundert Kilometer querfeldein holpern ist auch nicht ohne. Oben am Gletscher gab es nicht ein einziges Moskito aber hier in der „Niederung" ist es heftig. Unglaublich viele tauchen aus dem Nichts auf und umschwirren mich. Ich bin auch etwas genervt, von dem ewigen Zigarettengerauche. Vier der Frauen sind echt starke Raucherinnen, in der frischen Bergluft stinkt das noch extremer, finde ich. Die Weite hier ist unglaublich, oft gibt es kilometerweit nicht mal eine Jurte oder Schafherde zu sehen. Die Straße hier her nach Hovd war oft nicht mal eine Sandpiste, auf der wir doch relativ rasch dahingerast sind.

Das Essen im Jurtencamp war hervorragend. Die zwei Musiker, die uns nach dem Essen besuchten, spielten sehr gut. Beide Männer waren Obertonsänger und Pferdekopfgeiger.
Im Herzen hat es mich nicht ganz berührt. Ich glaub, ich bin zu müde. Hoffentlich drehen die den Stromgenerator bald ab, damit Ruhe ist.

Sonntag, 29.08.2010

Ganz in der Stille, alle haben noch geschlafen, raus aus dem warmen Schlafsack und in der Weite den morgenroten Himmel genossen, den Sonnenaufgang, den neuen Tag.

Zum Frühstück gab es Reisbrei mit Rosinen, gefolgt von einer Morgenrunde. Es war auch an der Zeit, eine Feedbackrunde in der Gruppe abzuhalten.

Anschließend Wanderung zu den Felsmalereien, Hand in Hand marschieren wir umringt von tausenden Moskitos über die endlose Weite. Beeindruckend. Aus dem Nichts taucht ein Berg auf, was das wohl früher mal war? Höhlen? Jedenfalls habe ich viele Felswände voll mit Hirsch- und Pferdezeichnungen gefunden, der Untergrund dieser Felsen war etwas dunkler. So vermute ich, dass der Ruß des Feuers in den Höhlen die Wände geschwärzt hat, vielleicht sind diese Höhlen eingestürzt und die Wände mit den wunderbaren Felszeichnungen der heutige Überrest. Es ist niemand da, der uns Auskunft erteilen könnte, keine Abzäunung, kein Eintrittsgeld. Alles ist der Witterung ausgesetzt.

Rot bemalte abgenagte Ziegenschädel starren uns an, unendlich viele verweste Tierkadaver und Knochen liegen herum.

In geringer Entfernung der wunderbaren Felsmalereien finden wir noch einen Hirschstein (mit Ornamenten verzierter Monolith) in einer Dreifelduntereilung, auch darüber konnte ich nichts Richtiges erfahren. Einige Frauen stellen sich in die drei Parzellen und versuchen, die Energie zu spüren. Alles rätselhaft, irgendwie fühlt es sich nach Kultplatz, Opferplatz an. Wen immer ich später fragte, die Mongolen wussten nichts darüber.

Zu Mittag waren wir bei der Köchin eingeladen, mit der Mona vor zwei Jahren schon mal unterwegs war. Sie bat uns zu sich nach Hause. Das hat mir gut gefallen, ich fand rührend, was sie alles gekocht hat, und es war ausgezeichnet. Unglaublich, auf wie kleinem Raum sie für so viele Menschen alles zubereiten konnte, ich hab in der Küche gar keinen richtigen Herd gesehen. Das Haus bestand aus zwei kleinen Zimmern, einem staubigen Hof mit Kettenhund und Plumpsklo. In den Höfen steht oftmals auch eine Jurte, so war es auch bei unserer Köchin. Der Wohnbereich war klein, und doch hatten wir alle genug Platz.
Nach dem Essen wurde zum Abschied ein Schnapsglas rumgereicht und jede von uns bedankte sich mit ihren Worten bei der Gastfamilie und bedachte sie mit guten Wünschen.

Die ganze Zeit über läuft in den Häusern der Fernseher. Mir kommt das wie ein Statussymbol vor. Auch viele von den Jurten im Landesinnern sind bereits mit Satellitenschüsseln und Solarzellen ausgestattet.

Tagträumen

Heutzutage gibt es wenig Platz, um zu träumen. Viele Bücher, die mich beflügelt haben, in die ich gereist bin, werden verfilmt und lassen meinen Traum, meine Vision, meine Vorstellung von Landschaften, Personen und Schauplätzen verblassen. Meist ist etwas in mir nach einer Buchverfilmung enttäuscht. Im Multimediazeitalter ist für alle Effekte gesorgt, selbst wenn es Szenen gibt, die nicht machbar sind, die irreal sind, sind sie technisch möglich. Aber in meinen Träumen passiert viel mehr als auf dem Bildschirm. Selbst ein 3D-Film löst bei mir nicht die Endorphine aus. Meine Phantasie ist viel größer und mächtiger!

Schon die kleinsten Kinder werden in vielen Familien vor den Fernseher gesetzt und zugedröhnt. Tagträumen ist schon lange out. Mit dem Schuleintritt gibt es dafür schon gar keinen Raum mehr. Da wechselt im vorgesehenen Zeitraster Konzentration mit Pausen. Träumst du während des Unterrichtes, gleitest während der Schulstunde in einen Tagtraum, wirst du als unkonzentriert abgestempelt und deine Eltern werden bei der Lehrerin vorgeladen. Wählst du hingegen die Pause für deinen Tagtraum, schaust ins Leere und beteiligst dich nicht am Geschehen, bist du eine Sonderbare, eine Outsiderin. Daheim wird die Situation meist nicht besser. Hier geht der Freizeitstress erst richtig los, Sporttraining, Horttanten, Musikstunden, Aufgaben, Fernsehen, Mütter, die auf Berichte aus dem Schulalltag warten, all das prasselt ungefiltert auf das Kind ein. Wo bleibt da Zeit, um einfach zu sein, ins „Narrenkastl" zu schauen, wie mein Großvater zu mir als Kind immer gesagt hat?

Bis heute putze ich gerne Fugen und Zwischenräume und sehe es als magische Handlung an. Badezimmerfugen, Spalten und Zwischenräume sind der Eintrittsort in meine Traumwelt. Ich träume mich hinein, starre darauf, defokussiere dann meinen Blick und lasse alles verschwimmen. Neue Bilder tauchen auf, ein Aufbruch in andere Dimensionen. Auf diese Reisen will und kann ich in meinem Leben nicht verzichten.

Ich kann mich noch immer an meine Deckenhäuser erinnern, die ich als Kind gebaut habe. Es waren wunderbare Refugien, die kuschelig, geschützt und gemütlich waren. Unter dem großen alten ausziehbaren, schwarzen Tisch meines Großvaters, der in seinem Malatelier gestanden ist, habe ich die wunderbarsten Spanienreisen unternommen. Was ich dazu brauchte? Einen kleinen roten Campingtisch und einen kleinen geflochtenen Korb mit ein paar Orangen drinnen, und ich war schon an der spanischen Küste, konnte Auto fahren, breitete mir eine Decke aus, um zu picknicken. Ich war umringt von Menschen, Gleichgesinnten, denen ich erzählt habe, mit denen ich gesprochen habe. Als Kind hab ich wenig Luft geholt. Ich glaube, ich hab oft wie aufgezogen vor mich hingequasselt. Aber niemand hat mich gestört. Mein Großvater hat gemalt und kaum Notiz von mir genommen. Wenn ich danach verlangte, bekam ich ein Blatt Papier und Aquarellfarben, einen Malbecher, einen Fetzen, ein altes zerlumptes Hemd, verkehrt herum angezogen. Die Ärmel wurden hochgekrempelt und ich malte auf meinem roten Campingtisch in Spanien.

Wieso ich immer nach Spanien gereist bin? Weil mir meine Großmutter von ihrer Spanienreise vorgeschwärmt hat, das war ihre erste große Reise, die sie mit 65 Jahren in einem Puch Fünfhundert (Fiat 500) mit meinem Großvater unternommen hatte. In mir sind ihre glücklichen Momente hängen geblieben, und die erlebte ich nun mitten in Wien, im 5. Bezirk, in einem Atelier mit einem alten knarrenden Holzboden, aus dem ich aus den Zwischenräumen mit meinen kleinen Fingern den Dreck herausfischen konnte. Zurück blieb ein negativ Abdruck, ein Loch, das für mich zur Landschaft wurde, ein Mikro-kosmos im Makrokosmos, in den ich mich von neuem hineingeträumt habe.

Kinder-Tagträume

Ich habe mir meine kleine Welt in selbstgebauten, handgemachten Häusern gemacht. Häuser mit Decken, Polster in Kinderzimmer unter dem großen Tisch. Da war ich alleine oder nur mit meiner Schwester, sicher, nur in meiner Welt.
Oder die Baumhäuser aus Ästen, Zweigen, Decken im Wald, wo ich mich wohlgefühlt habe. Da hat mich keiner gestört, gesagt was zu tun ist, für keine Sorgen müssen.
Ich glaube in Gedanken bin ich auch immer wieder in einer freien, schönen, befreiten, bunten, sonnigen Welt.
Da träume ich von fernen Ländern, einfach dort zu leben, zu sein,

die Natur einsaugend, das prickelnde, türkise Meer, die dichten, bewachsenen Wälder, tosende Wasserfälle, oa se, Menschen, die ihre Kultur noch traditionell leben, weg von all dem vielen Materiellen.

Ja, er weiß ich höre nicht auf zu träumen! Und Träume gehen ja auch manchmal in Erfüllung!

Nach dem Essen ging es auf den Markt, von dem Mona in den höchsten Tönen geschwärmt hatte. Ich war enttäuscht, weil es hier wie auf einem Jahrmarkt ausgesehen hat. Ich besorgte mir vier CDs mit mongolischer Musik, eine Pferdepeitsche, drei heilige blaue Tücher, fünf Meter Seidenstoff, den die Mongolen als Gürtel für ihr Deel[13] benutzen, fünf kleine Schellen, und drei kleine Anhänger mit Heiligenbildchen drauf, aufgeknüpft auf leuchtendroten Bändchen. Sonst hatte mich nichts angelacht auf dem Markt. Hatte ich doch gehofft, etwas Gefilztes zu finden, aber nein, keine traditionellen Handarbeiten, keine Stickereien, kein Schmuck. Ich glaube, das Land ist viel ärmer, als ich angenommen habe. Ganz am Ende, als ich den Markt schon verlassen wollte, erstand ich noch so einen Moskitohut für eintausendachthundert Tugrik, einen Euro. Unsere weitere Reise sollte uns in ein Seengebiet führen, und da ja hier schon so viele Gelsen waren, lohnte sich die Investition allemal.

Ich warte aufs Abendessen. Eine Reiseteilnehmerin bekommt in ihrer Jurte von einem Lama eine Heilzeremonie, die anderen Frauen führen in der Abendsonne ihr „Erstandenes" vor. Wir haben Spaß, posen in den neu erstandenen Kaschmirpullis und Jacken, machen Fotos, benehmen uns wie auf dem Laufsteg, lachen, bewundern, staunen, tauschen uns aus.

Bin dann noch mit einer Freundin zum Ovoo neben unserem Camp gegangen, der gefällt mir besonders gut. Energetisch toll gelegen in dieser endlosen Ebene, umgeben von diesen Bergketten in der Ferne. Ein wunderbares Gespräch, tief berührt von so viel Offenheit und Liebe. Ich nehme mir vor, morgen noch mal alleine zum Ovoo zu gehen, um Fotos zu machen.

Montag, 30.08.2010

Regen, der zart ans Jurtendach klopft und meine volle Blase wecken mich. Ich stehe auf und pinkle neben die Jurte, hab keine Lust, so weit durch den Regen bis zur Toilette zu gehen. In der Nacht von meinem Mann geträumt, ich gehe meinen Traum im Kopf noch mal durch und schreibe ihn nieder. Nun sitze ich in der Jurte, die stockdunkel wäre, hätte ich nicht einen Spalt die Türe geöffnet. Wenn es regnet, wird die Dachluke der Jurte zugezogen, dann ist es drinnen finster. Also, ich freu mich total auf daheim, wenn es hier regnet, auf ein festes Dach über meinem Kopf. Bis jetzt ist unsere Jurte ja dicht. Ich habe Sehnsucht nach unserer Küche, nach frischem Obst. Das einzige Obst, das es hier frisch gibt, sind Wassermelonen, die wachsen hier angeblich. Vorstellen kann ich mir das aber nicht, denn außer Steppe und ödem Stein- und Grasland hab ich noch nichts gesehen, kein Feld, kein Gärtlein, ich erinnere mich lediglich an ein Plastikgewächshaus. Aber was essen die Leute hier, außer dem getrockneten Käse und dem importierten Reis aus China? So karg hab ich noch kein Land erlebt. Selbst an den üppigen grünen Flussufern wird nichts angebaut. Dass es für uns hier täglich Salat zu essen gibt (Karotten, Paradeiser, Rüben, etc.), grenzt für mich an ein Wunder, denn auf dem ganzen Markt hab ich gestern nichts dergleichen gefunden. Eine Hand voll Weintrauben war das einzige Obst, das ich entdeckt hatte. Allerdings unterließ ich es, nach dem Preis zu fragen. Mongolen werden sich diese Trauben sicher nicht leisten können. Zwei Häufchen Holz wurden auch angeboten, es waren dünne Zweige, keine Ahnung, woher die dieses Holz hatten. Feuer machen die Mongolen hier nur mit Yakdung oder getrocknetem Kuhdung, also wozu die paar Holzästchen?

Genau jetzt sehne ich mich nach der Fülle von daheim, noch bin ich nicht bereit, hier längere Zeit zu verbringen, obwohl ich berücksichtigen muss, dass meine Stimmung ob des Regens und der grau in grau verhangenen Landschaft etwas gedämpft ist. Irgendwie sehne ich mich immer mehr nach zu Hause, nach meinem warmen kuscheligen Bett.

Regen daheim - Regen hier

Wieso mag ich Regen daheim so sehr? Weil ich damit meine Kindheit verbinde. Dieser Geruch in Kombination mit dem Geräusch, dem monotonen sachten Geklopfe am Dach, am Fensterbrett, das Donnergrollen, das fast ein bisschen Angst einflößend wirkt. Diese Szene lässt vor meinen Augen meine roten Kinderstiefel aufleben, den grünen Lodenumhang und meine nackten Füße in den roten Gummistiefeln, in die das Wasser getropft ist. Wenn ich an einem Regentag als erwachsene Monika in den Wald gehe, kann ich mich gar nicht sattriechen, und ich beginne zu träumen, zu fühlen, zu verstehen. Ich lausche, nehme wahr, die Geräusche, die der Wald von sich gibt, die Wassertropfen, die glänzenden Perlen an den Tannennadeln, die Liebkosungen vom Himmel, die mich mal zart streifen, mal plump auf mir aufklatschen. Solche Stunden sind eine Bereicherung für mich, da tanke ich Energie. Besonders angenehm ist es, patschnass in ein trockenes Heim zu kommen! Das ist eben im Nomadendasein anders, hier in der Mongolei, mitten im Nirgendwo war es kalt und muffig, stockdunkel und ungemütlich, vielleicht, weil diese Jurte keinen Ofen hatte?

Am Vormittag kam eine Schamanin aus den Bergen zu uns ins Camp. Ursprünglich hätte ja ein männlicher Schamane kommen sollen, aber diese Touristenpreise, die der verlangt hätte, wollten wir nicht zahlen. Mona fuhr dann noch am Vorabend nach Hovd, die nächstgelegene „Stadt". Dort hörte sie, dass gerade eine Schamanin aus dem Norden in der Stadt wäre, die sie ausfindig machte. Diese Frau kam jedenfalls am nächsten Morgen zu uns. Zuerst erzählte sie uns, wie es dazu kam, dass sie ein Jahr zuvor Leberkrebs hatte und geheilt wurde, indem sie den Weg der Schamanin gegangen war. Sie wurde traditionell eingeweiht. Die Werkzeuge: ihre Trommel, ein Schutzmantel, bis zu achtzig Kilo schwer, der Kopfschmuck, der ihr Gesicht bedeckte, in ihrem Fall hatte sie ein weißes Gesicht auf die schwarze Stirnschärpe aufgestickt, was für mich sehr symbolstark ausgesehen hatte. Überhaupt fand ich diese Schamanin energetisch sehr beeindruckend. So lange sie im Raum bei uns war, hatte ich totale Beklemmungen im Brustkorb. Ich finde es ja immer wieder komisch, wenn unter den wilden Schutzmänteln, verziert mit heiligen Tüchern, Stiefel mit hohen Absätzen hervorschauen. Diese Schamanin gab nur Einzelsitzungen im Nebenraum, indem sie aus ihrem Messingspiegel in die Zukunft schaute. Ich nahm keine Sitzung bei ihr, weil sie nur eine Stunde Zeit hatte – auch Schamaninnen haben offensichtlich heutzutage Stress –, sie hatte es eilig, ihren Heimweg anzutreten.

Wir genossen anschließend ein ausgiebiges, herrliches Frühstück: Eierspeise, Wurst sowie Teigfladen mit Butter und Marmelade.

Später wurde beschlossen, dass wir wegen des schlechten Wetters noch eine Nacht im Camp verbringen würden. Ich hatte zwar schon alles reisebereit zusammengepackt, aber bei dem Wetter zu zelten, wollte mir auch nicht gefallen. Spätestens jetzt hinterfragte ich das Nomadenleben, das ich bisher mit so leuchtenden Augen glorifiziert hatte. Unsere Jurte hält im Gegensatz zu den anderen Jurten dem Regen noch immer stand, der nasse Filz verbreitet aber einen echt muffigen Geruch. Wir nützten den Tag, sind in die Stadt gefahren, zuerst auf die Bank, um Geld zu wechseln. Göttin, war das ein Erlebnis, so eine überfüllte Bank, vielleicht weil es Montag war, oder weil es der Monatsletzte war? Keine Ahnung, ich hatte dort nichts zu tun, beobachtete vor der Bank das Treiben, die vielen Pfützen und die Trostlosigkeit dieser Stadt, in der doch immer wieder makellos gekleidete Menschen sich einen Weg durch den Morast bahnten. Außer etwas Grün neben dem Bankgebäude und ein paar erfrischenden Kosmeen, wächst kein Halm oder Pflänzchen im restlichen Gebiet hier. Verrostete Zäune, die mich an Madagaskar erinnern, schmutzige Pfützen im Schlamm, klatschnasse Jurtendächer in verdreckten Innenhöfen, und darüber ziehen die Milane, ihre Kreise. Hier geht es ganz offensichtlich nicht um Ästhetik, hier zählt überleben!

Der Museumsbesuch hat mir gut gefallen, im Erdgeschoß war es wie in einem Gruselkabinett, mit all den ausgestopften Tieren. Aber im oberen Stockwerk waren Fotos von Hirschsteinen, wunderschöne Trachten, Ritualgegenstände, Sättel und Schriftzeichentabellen ausgestellt. Besonders beeindruckt hat mich eine Knochenflöte, aus einem weiblichen Oberschenkelknochen gefertigt. Der Klosterbesuch im Anschluss hat mich nicht umgehauen, weil ich in diesem neu erbauten Kloster die Atmosphäre vermisse, die ich mir von Klöstern so wünsche

Mir reicht es gerade. Alles ist feucht, mir ist schlecht, ich hocke in einer nassen dunklen Jurte im Nirgendwo und es nieselt vor sich hin. Es gibt nichts zum Heizen und ist saukalt. Um 18 Uhr soll es angeblich warmes Wasser geben, hinten im Duschhaus. Ich mag heim, heim zu meiner Familie. Mir ist zum Heulen!

Habe den ganzen Nachmittag in meinem Schlafsack eingemummelt geschlafen, dann laukalt geduscht, es geht besser. Die anderen sind vom Markt zurück. Ich hatte im Traum Bilder, Bilder von Essensszenen im Freien, und am Schluss tauchte eine große, junge, rundgesichtige Frau mit krausem Haar auf, das sie mit einem Stirnband zurückgebunden hatte, ein Bündel auf den Rücken geschnallt, in einen dicken bunten Mantel gehüllt, vom Schnitt so ähnlich wie die mongolischen „Deels". Irgendwie strahlte sie viel Zuversicht und Zentriertheit aus.

Nach diesem Traum geht es mir besser, zwar ist mir noch immer etwas übel, deshalb werde ich das Abendessen auslassen, denke ich mal. Außerdem habe ich keinen Hunger. Das Bett in der Jurte ist hart und durchgelegen, werde meine Unterlegmatte aufblasen.

Manchmal gehe ich nur auf Reisen, um wieder daheim ankommen zu können, an diesen Satz muss ich oft denken. Hätte ich diese Reise nicht gemacht, hätte ich ewig das Gefühl, etwas versäumt zu haben. Nun aber komme ich gerne wieder heim und hoffe, dass alles in Ordnung geht, dass daheim alle wohlauf sind. Ich finde, ich habe ein wirklich schönes Leben. Wenn ich von meinem Mann so weit entfernt bin, wie jetzt, merke ich erst, was für ein wichtiger Mensch er ist, wie viel Halt und Sicherheit er mir gibt. Ich genieße auf dieser Reise all die Frauen um mich, mit dem Hintergrundwissen eine liebe Familie zu Hause zu haben, drei wundervolle Kinder. Auch bin ich sehr froh, so liebe Eltern zu haben. Dem Himmel sei Dank für die Fülle, die in meinem Leben Einzug gehalten hat! Noch 6 Reisetage, ich nütze sie!

Dienstag, 31.8.2010
Gut geschlafen, obwohl das die erste Nacht war ohne meine Unterlegmatte. Einen Morgenspaziergang zum heiligen Ovoo gemacht, Steine und Weite. In der Nacht hat es zu regnen aufgehört, welch eine Freude, ein Rabe fliegt über mich hinweg und ruft, ein Hund bellt irgendwo hinter dem Camp, wahrscheinlich derselbe Hund, der auch in der Nacht gebellt hat. Es kommen auch schon wieder die Moskitos. Der Generator wird kurz angeworfen, um gleich wieder abzusterben, eine Staubwolke wirbelt in der Ferne und kündigt unsere Autos an, die gleich eintreffen werden.
Ich denke viel an zu Hause, an den Körper meines Mannes, daran, dass ich ihn gerne bei mir hätte. Gleichzeitig weiß ich aber gar nicht, was ich von ihm will, denn er würde jetzt noch schnarchen und nicht an meiner Seite sitzen. Aus der Küche hinter der Jurte duftet es nach frischen Fladen. Um das Camp herum herrscht absolute Stille. Unser mongolischer Reiseleiter will immer schon um acht Uhr gemeinsam frühstücken, die Frauen haben sich aber für neun Uhr Frühstück entschieden. Ich bin als Morgenmensch immer mit Sonnenaufgang wach, aber es passt, so wie es ist. Heute habe ich zum ersten Mal Kreuzschmerzen und bin total steif im Rücken.

Gefrühstückt, die Sonne scheint, wir laden ein und ziehen weiter, unglaublich, wie wetterabhängig ich bin, wenn kein festes Dach über meinem Kopf ist. Nach drei Nächten hier im Camp ist es genug, ich bin sehr froh, dass es weiter geht. Alle Mitreisenden sind gut gelaunt, lachen, ein neuer Tag, gefüllt mit neuer Energie. Echt interessant, wie ich mich von meinen Emotionen treiben lasse, im Auto spielt schon wieder unsere Kassette mit der mongolischen Musik, sie ist schon zum Ohrwurm geworden.

Wir sind an einem wunderbaren riesigen See angekommen, ein Vogelparadies, Unmengen von Graugänsen, weißen Reihern, Enten, ich kann im ersten Moment gar nicht all die vielen Arten unterscheiden und zuordnen. Ein Meer von violetten Astern und gelben Blumen, die ich nicht kenne, und Milliarden von Moskitos empfangen mich. Das trübt dieses wunderbare Naturschauspiel etwas. Wir steigen etliche Male aus dem Auto aus und wieder ein, wir suchen den geeigneten Zeltplatz, wir fahren durch Sumpfgebiet, teilweise steigt das Wasser bis zur Windschutzscheibe, wir bleiben hängen, steigen aus, fächeln und wedeln, um von den Blutsaugern nicht aufgefressen zu werden.

Es sieht echt verrückt aus! Dreizehn Frauen auf einer Sanddüne, mitten in der Mongolei und rundherum das Sumpfgebiet, in dem es von Moskitos nur so wimmelt. Der See ist flach, und ich finde diese Schaumspuren am Ufer nicht so anziehend.

So, jetzt ist das Zelt aufgestellt, es geht mir besser, ich bin gerüstet, sollten bei Sonnenuntergang plötzlich die Gelsenhorden einfallen. Hinter den Autos im Schatten, wo unser Gepäck steht, ist es echt die Hölle! Solche Massen an Moskitos lauern dort. So lange genug Wind ist und die Sonne scheint, sind wir hier auf der Sanddüne geschützt vor ihnen. Wir warten auf das Mittagessen, es ist schon sechzehn Uhr dreißig. Gut, dass ich vorgestern Erdnüsse gekauft habe, die helfen gegen den Hunger. Das gesamte Bild hier wirkt skurril, lustig und abgefahren. Alles sieht so unwirklich aus, wie eine Fotomontage, finde ich. Ich bin neugierig, ob es heute Abend wirklich frisch geschlachtete Ziege gibt, wie angekündigt. Hier irgendwo sollen die Verwandten des Fahrers wohnen, die uns auf die Ziege eingeladen haben.

Auf der Herfahrt durch herrliche Landschaften gekurvt, Weiden am Fluss, friedlich grasende Rinder, Ziegen und Pferde. Dann nach einer Brücke – auch eine Rarität in der Mongolei, denn normalerweise wird hier einfach durch das Flussbett gefahren – endete die Asphaltstraße und es ging auf einer Sand- und Steinpiste querfeldein. Auf der Suche nach einem geeigneten Nachtlager sind wir den See entlang gefahren. Für mich war es atemberaubend und aufregend, durch wie hohes bzw. tiefes Wasser unser Bus fahren konnte. Irgendwann Mal ist der dritte Bus stecken geblieben und musste von Bus Nummer zwei wieder rausgezogen werden. Ein Ornithologe würde hier ausflippen, pausenlos fliegen Kormorane in wunderbaren Formationen über mich hinweg, starten zu hunderten vom Wasser aus und formen magische Zeichen am Himmel. Rundherum Sumpf, Moskitos, Berge und saftig grünes Gras, sonst nichts. Die Sonne sinkt schon tiefer, und ich bin gewappnet für den Abend: mit langärmeliger Kleidung und dem Moskitohut. Unsere Köchin hat hier, in der kompletten Einöde, ein hervorragendes Essen gezaubert, das finde ich recht abgefahren, ja verrückt.

Mittwoch, 1.9.2010

Ich sitze in der moskitofreien Zone, im Zelt. Ein herrlicher Morgen, spiegelglatter See. Die Moskitos haben sich beruhigt, sitzen als schwarze Schwärme unter unserem Zeltüberdach. Bettina baut das Überzelt deshalb gerade mutig ab. In der Nacht hat es so laut gesurrt, dass ich durch den Lärm der Schwärme aufgewacht bin, obwohl die ja außerhalb des Zeltes waren. Dann gab es da noch Vogelrufe, die sehr menschenähnlich geklungen hatten. So war auch mein Traum sonderbar: hab mit so einem verrosteten Ding, das aus zwei ineinander gestellten Blechdosen bestand, Musik gemacht. Zufälligerweise hatte ein Aborigine aus Australien in meinem Traum genau dasselbe Instrument. Dann hatte ich mit einem Mann einen zweijährigen Buben, den mir eine dicke runde Frau entführt hatte. Zuerst lief sie mit meinem Kind, es sah dort irgendwie so aus wie auf der chinesischen Mauer, die eine Seite entlang, dann die andere wieder retour, dann durch ein Loch in der Mauer, durch das ich mich nur schwer und mit großer Mühe zwängen konnte, weil ich einen dicken türkisfarbenen Anorak um die Hüften gebunden hatte. Die dicke Frau lief die Stiegen runter auf eine Promenade, die aber jetzt wie der Donaukanal bei mir daheim in Wien aussah. Unten angekommen, war mein Kind weg, denn es hörte nur mehr auf die Kommandos der Frau und nicht mehr auf mich, die seinen Namen verzweifelt rief, den ich jetzt aber, seit ich wach bin, vergessen hab.

Träumen

Seit 10 Jahren träume ich wiederholt den gleichen Traum in verschiedenen Variationen. Es geht immer um ein Kind, das ich gerade bekomme oder stille, oder gerade geboren habe. Manchmal ist mein Traum so realistisch, dass ich in der Früh nach dem Aufwachen verzweifelt mein Kind suche. Zu jener Zeit hab ich auch begonnen, ein Traumtagebuch zu schreiben. Ich finde es spannend, darin meine Träume nachzulesen und Revue passieren zu lassen, was sich im Anschluss an diese Träume in meinem Leben verändert hat. Wenn ich mit dem Wecker aufwache, hab ich meine Träume oft vergessen. Was ich besonders genieße, ist das sanfte Aufwachen, das behutsame Hinübergleiten aus dem Schlaf- in den Wachzustand. Das sind die Morgen, an denen ich mich an meine Träume ganz gut erinnern kann. Ein gutes Hilfsmittel um sich die Träume zu merken, hab ich von meiner Freundin gelernt. Sie hat mir geraten, am Abend viel Wasser zu trinken. Wenn ich dann in der Nacht aufstehen muss, um zu pinkeln, nehme ich den bereitgelegten Stift und mein Traumtagebuch, das ich am Abend zuvor neben meinem Bett schon hergerichtet habe. In der Dunkelheit schreibe ich meinen Traum nieder. Interessant sind für mich nicht die Verarbeitungsträume, wie ich sie nenne, also jene Träume, in denen ich meine Erlebnisse des vergangenen Tages bzw. Abends Revue passieren lasse, sondern vielmehr die wegweisenden Träume, die mir etwas mitteilen wollen aus einer anderen Ebene des Seins. Diese Träume machen mich neugierig und inspirieren mich.

Deshalb bin ich mit dem, was ich vor dem Schlafengehen erlebe, sehr vorsichtig und vermeide Fernsehen, Radio hören, unkontrollierte Berieselungsenergie.

Was ich am Abend vor dem Einschlafen gerne mache: eine Kerze anzünden, eine schöne CD anhören, Yoga, ein bereicherndes Buch lesen, liebevoll massieren, tanzen, tönen, räuchern, trödeln, einfach sein ...

In der Früh war ich im spiegelglatten See mit Bettina schwimmen. Alles schlief noch, war ruhig.

Ich bin ein Morgenmensch

Der Morgen ist meine Zeit. Zeit, die ich alleine und mit mir verbringe. Ich liebe den Morgen, die aufgehende Sonne, die Schwingung, die sich in der Morgenluft breit macht und mich froh stimmt. Alles liegt noch vor mir, ich hab sozusagen noch den ganzen Tag als meinen Verbündeten. Das finde ich ein herrliches Gefühl! Der Morgen fühlt sich wie der erste Urlaubstag an. Außerdem riecht es am Morgen ganz anders und ich teile die Tage oft nach den Gerüchen des Morgens ein. Riecht es nach Meer, dann sind das ganz besondere Momente, denn das Meer ist von dort, wo ich wohne, sechs Autostunden entfernt. Vielleicht macht es mich deshalb so glücklich, wenn es danach riecht. Manchmal duftet es nach Wind, dann weiß ich, was mir bevorsteht. Ich kann mich einstellen auf den Tag, wenn ich die Gerüche bewusst wahrnehme. Dann gibt es am Morgen auch so was Wohliges, wenn ich nämlich meine bettwarmen Zehen ins taufrische Gras vergrabe und erst danach den Rest der Fußsohle auf die noch kühle Morgenerde setzte. Im Frühling und Sommer begleiten mich die wunderbaren Vogelkonzerte in den Tag. Daran kann ich mich manchmal gar nicht satt hören. Sie stimmen mich glücklich. In der Früh nehme ich alles intensiver wahr, das Summen der Bienen, das Tropfen des Taus von den Blättern, vielleicht liegt es daran, dass der allgemeine Lärmpegel der Großstadt noch nicht so angeschwollen ist? Aber auch in den Bergen hat der Morgen eine eigene Energie.

Mein Lehrer, der mir Heilen mit menschlichen Energiefeldern beigebracht hat, sagte während der Ausbildung zu mir, dass die Erde sowohl bei Sonnenaufgang als auch bei Sonnenuntergang für einen Bruchteil einer Sekunde den Atem anhält, und so tun es die Lebewesen auf ihr auch. Alles wird für einen kurzen Moment still. Ja, vielleicht ist es das, was mich so fasziniert und glücklich macht. In der Wüste hab ich am Morgen die Erde reden hören, das hat mich so tief berührt. Ich saß mitten in der Wüste und hörte Glockengeläute, als ich die dazugehörige Kirche suchte, erklärten mir die Nomaden, dass es der Gesang von Mutter Erde sei. Das hat mich mit Respekt erfüllt.

Einige Frauen flippen wegen der Moskitos aus. Unsere Ärztin und eine Teilnehmerin sind schlecht drauf, unser Reiseleiter wirkt gedrückt. Mona geht sehr einfühlsam und konkret auf das Moskitoproblem ein, auf all die Ausraster der Teilnehmerinnen. Das muss ich noch lernen, diesen respektvollen Umgang mit Grenzerfahrungen anderer. Ja, die Mücken treiben einige von uns wirklich ans Äußerste, jede geht damit anders um, einige mummeln sich trotz Affenhitze in dicke Windjacken ein, andere betrinken sich, während eine Teilnehmerin völlig die Nerven verliert, fast in Panik verfällt.

Ich war nach dem Frühstück noch mal schwimmen, es ist echt paradiesisch hier (wie gesagt, bis auf die Moskitos und die Sandfliegen). Hinter dem blauen See erheben sich gletscherbedeckte Berge, unglaublich schön! Vor dem Weiterreisen haben wir dreizehn Frauen alle gemeinsam einen Abschiedskreis gemacht, uns beim Platz bedankt und gemeinsam mit Wana ein Lied gesungen. Wana fungiert dabei als Vorsängerin und wir stimmen dann alle ein, ihre Stimme ist von einer wilden Schönheit, so würde ich sie bezeichnen.

Jetzt sitzen wir im Auto, mitten in der Moskitohölle. Das andere Auto hat eine Panne, ist kaputt, die Benzinzuleitung ist geplatzt. Wir warten in der brütenden Hitze bei geschlossenen Fenstern auf das, was weiter passieren soll. Moskitos erschüttern mich plötzlich nicht mehr, ich bin von oben bis unten zerstochen, steige deshalb aus und erkunde die Landschaft, die Blumen, nütze die Wartezeit.

Hab mir Orangensaft und Schokoladenkekse gekauft und gegessen, das entspannt mich. Ein Dörfchen im Nirgendwo, ein Betrunkener stänkert uns an, torkelt von der staubigen Straße in den kleinen Laden, wankt von links nach rechts. Ich fürchte, die Mongolen haben ein arges Alkoholproblem. In diesem kleinen Ort entdecken wir ein Kloster. Obwohl völlig verfallen, hat es eine irre Ausstrahlung und eine wunderbare Atmosphäre – hier fühle ich mich wohl! Wir staunen über das erste Glashaus, das sich hier mitten in der Mongolei in einem kleinen Klostergarten befindet. Darin werden Paradeiser, Gurken und Melonen angebaut. Gleich daneben errichtet eine Gruppe von Frauen eine Jurte. Sie schneiden den Filz zu, drehen die Bänder fürs Besticken und nähen die Bänder in wunderschönen Ornamenten auf den Filz. Wir dürfen zusehen, teilweise auch mitmachen. Die Arbeitsjurte, in der vier Frauen die Stricke bzw. Stickbänder drehen, ist gemütlich. In dieser Jurte ist alles da, Tiefkühltruhe, Ofen, Küchenregal, Altar. Wir sehen den knorrigen Fingern zu, wie behände sie drehen und einen festen Strang herstellen. Etwas Spucke darf dabei nicht fehlen! Draußen zeichnen die Mongolinnen die Muster vor und besticken die Filzteile damit. Hier hat es für mich eine unglaublich feine Energie, ich genieße den Platz und die Zeit mit den Frauen trotz sengender Mittagssonne. Irgendwann geht's weiter. Unser Guide drängt zum Aufbruch, denn wir haben noch eine Fahrt von siebzig Kilometern vor uns. Zum Glück trifft der dritte Bus gerade ein, als wir aufbrechen wollen, die geplatzte Benzinzuleitung dürfte wieder repariert sein, wir können unsere angestammten Sitzplätze einnehmen und uns gemütlich auf drei Autos verteilen.

Die Fahrt auf der Sandpiste hat mir total gefallen. Die Musik, die Landschaft, das Geholper haben mich ins Hier und Jetzt, in die Mongolei katapultiert. Hab mir in Gedanken ausgemalt, mit meinem Mann per Auto durch die Mongolei zu kurven, eventuell einen Mongolen mit von der Partie, der alles repariert, denn hier wird pausenlos an den Autos herumrepariert!

Wir sind am Fluss angekommen, bei der Familie des Kamelzüchters, bei den Verwandten unseres Fahrers. Eine Frau bereitet gerade die geschlachtete Ziege am niedrigen Jurtenofen zu. Unhöflicherweise haben wir den Begrüßungstee in der Jurte abgelehnt. Stattdessen stellen wir unsere Zelte auf, denn auch hier herrscht das leidige Moskitoproblem. Ich gehe im Fluss schwimmen, es ist erfrischend. Allerdings muss ich mit aller Kraft gegen die irre Strömung schwimmen, um nicht abzutreiben! Es riecht herrlich nach Kräutern, drei Jungstiere weiden hier und haben alles vollgeschissen, drei prächtige graue Pferde sind bei unserer Ankunft vor unserem Auto davon galoppiert. Lauter wunderbare Bilder, die sich in meinem Hirn einprägen!

Am späten Nachmittag war es dann so weit. Die Verwandten von unserem Fahrer, haben die Ziege köstlich zubereitet. Zuerst wurde sie in Form von Nudelsuppe serviert, dann kam ein riesiges blaues Schaffell mit dem Rest, bestehend aus allen Innereien, Kartoffeln, Karotten und Fleisch. Es war wirklich alles dabei: Herz, Nieren, Leber, Magen, Kutteln, Lunge, sah irre aus. Hab die Nieren gekostet und sie haben köstlich geschmeckt. Im Anschluss waren wir in die Jurte eingeladen, die war außerordentlich gemütlich, und die Frau, die für uns Tee kochte, war eine ganz erdige, starke Frau, 59 Jahre alt (so man diesen mongolischen Angaben Glauben schenken darf), hatte acht Kinder und mehr als zwanzig Enkelkinder. Wir stellten ihr Fragen, und Ganbat übersetzte. Die Schale mit vergorener Kamelstutenmilch machte die Runde, schmeckte sehr gut, erinnerte mich geschmacklich etwas an Kefir. In einem Plastikeimer wurden uns Bonbons und zähe Boortsog angeboten, ein frittiertes Buttergebäck. Ich blieb bei der Stutenmilch. Sie wollte dann noch was Medizinisches von mir als Ärztin, weil sie saisonales Asthma hat. Komisch, dass sie sich da schulmedizinische Hilfe holt, ich hätte ihr viel lieber meine chinesischen Heilmethoden angetragen, statt der antiallergischen Tabletten, aber ihr Wunsch waren die Tabletten, und mit all der Sprachbarriere war eine Diskussion auch nicht so richtig möglich.

Fremdsprachen

Monate später in Österreich: Heute bin ich vor fünf Uhr in der Früh aufgewacht und setzte mich vor die Haustüre auf eine kleine Holzbank und starrte in die Berge. Unwillkürlich musste ich schmunzeln. Das Bild der alten Griechenfrauen und -männer tauchte vor meinen Augen auf, die vor ihrem Haus auf den Bankerln sitzen, auf einen Stock gestützt, und beobachten, einfach da sind und schauen. Ich saß also auf der Bank und beobachtete die Berge, den heller werdenden Himmel, das Grün vor meinen Augen. Plötzlich verlagerte sich meine Wahrnehmung auf die auditive Ebene, meine visuelle Ebene schien nicht mehr existent. Es waren die Vogelstimmen, die mich in ihren Bann zogen. Der riesige Rabe hinter mir ganz oben auf der Birke, der unmissverständlich und laut mit einem anderen Raben in der Ferne kommunizierte. Oh, wie achtsam diese Unterhaltung war. Einer durfte aussprechen und wartete auf die Antwort des anderen. Dazu mischte sich eine kleine Piepsstimme von einem winzigen Vögelchen, das auf der Esche vor mir hin und her wippte, und plötzlich nahm ich all die anderen Stimmen der Amseln, der Spatzen, den Kuckucksruf und das Gurren wahr. Es mischte sich zu einem richtigen Konzert, und ich überlegte, ob die Vögel sich untereinander verstehen. Versteht der Rabe die Amsel? Sprechen die zwei verschiedene Sprachen, Fremdsprachen sozusagen? Mir schien es, als würden sich alle Vögel perfekt verstehen und sich prächtig unterhalten. Da gibt es keine Sprachkurse, da herrscht ein tiefes Verständnis, kommt mir vor, Harmonie. Ein Gesamtkunstwerk das an- und abschwillt. Wieso ist das bei uns Menschen denn nicht auch möglich? Wieso kommunizieren wir so oft über Worte? Wieso achten wir so selten auf die Sprache der Augen? Ist eine Diskussion von Herz zu Herz möglich? Ich glaube das kaum, denn das Herz entbehrt jeder Logik, aus dem Herzen spricht die Liebe, und die kann nicht diskutieren.

Wieso lassen wir unsere Aura nicht öfter mal was sagen? Ich glaube, weil es in der Welt zu laut und zu dicht ist, hören wir sie nicht. Denn unsere Aura teilt sich ohnehin pausenlos mit, aber wir nehmen es nicht als solches wahr, achten zu wenig auf die feinstoffliche Kommunikation.

Ich hatte mal ein wunderbares Erlebnis mit einem Taxifahrer im Senegal in Afrika. Da diskutierten wir in unserer Verzweiflung einen Streit in zwei Sprachen aus, er in „Wolof" (Umgangsprache im Senegal), ich in Deutsch und siehe da, wir fanden eine Lösung. Ich denke, da ist uns auch eine andere Kommunikationsebene als lediglich die verbale beigestanden. Ja, darauf will ich in Zukunft bewusster achten, auf die vielen verschiedenen Ebenen, mit denen sich mein Gegenüber, meine Mitmenschen bemerkbar machen, das finde ich spannend und bereichernd.

In der Abendsonne besichtigten wir dann die Kamele unserer Gastgeber, es war ja eine Kamelzüchterfamilie, und es gab ganz süße Jungtiere.

Ich habe dem Sohn einen tollen Gürtel abgekauft um 100.000 Tugrik, das sind umgerechnet sechzig Euro. Es war ein sehr aufwendig geflochtener und gegerbter Ledergürtel, den ich erstanden habe. Ich wollte ein Foto mit dem Sohn und dem Gürtel haben. Aufgeregt eilte er in die Jurte, kam wie verwandelt fürs Foto wieder: zurechtgeputzt, mit Deel und Gürtel, komplett umgezogen. Ich kam mir beim Fotoshooting zuerst vor wie auf einem Ahnenbild, so steif und förmlich, im selben Moment wechselte das Gefühl, und ich fühlte mich wie die Hauptdarstellerin bei einer Hochzeit – gut, dass es nicht so war! Der Gürtel wechselte die Besitzer, auf den folgenden Fotos trug bereits ich den Gürtel, und mir tat es fast ein bisschen leid, dass er nun keinen Gürtel und stattdessen die bunte Schärpe um den Bauch gewickelt hatte. Aber er beteuerte mir, er könne sich jederzeit wieder einen Gürtel anfertigen.

Wir verharren im Zelt, draußen surrt es wie verrückt. Schwarze Mückenschwärme tummeln sich in Scharen zwischen Zelt und Zeltüberdach. Bettina und ich liegen im Schlafsack und lassen die Reise Revue passieren, indem ich ihr mein Tagebuch vorlese. Anschließend verändern wir wie auf Kommando unsere Schlafposition, Kopf zum Zeltausgang und genießen den Blick in den atemberaubend schönen Sternenhimmel. Ist das Helle da die Venus? Noch ist keine Mondin aufgegangen. Die heutige Abendstimmung war berauschend. Unser Fluss, in dem wir so schön geschwommen sind, glänzte silbergolden im Sonnenuntergang, weiter drüben zeigte sich die Wasseroberfläche zartrosa, mit einem Hauch von Himmelblau. Das Schwirren der Mücken wird immer lauter, teilweise bedrohlich, schon alleine das Geräusch löst bei mir Juckreiz aus. Durch den Tee, den ich abends zu trinken bekommen habe, bin ich so aufgedreht, dass ich gar nicht schlafen kann. Allerdings kann ich das Zelt auch nicht mehr verlassen, das wäre lebensmüde! Ich lege mein herrlich duftendes Kamillenbüschel, das ich zuvor gepflückt habe neben mich und freu mich über den erstandenen Gürtel, auch wenn er sehr streng riecht. Er kommt ans Fußende, die Kamille zum Kopfkissen. Dieser Geruch des gegerbten Leders gibt mir das Gefühl, als wäre ich noch in der Jurte der Kamelzüchter. Mit diesen Sinneseindrücken gleite ich in den Schlaf; morgen will ich bei Sonnenaufgang zusehen, wie die Kamelstuten gemolken werden.

Donnerstag, 02.09.2010

Ich erahne den Horizont, Orion steht vor meinem Zeltausgang und die Halbmondin am Zenit. Das ist der Moment, in dem ich aus dem warmen Schlafsack krabble, meine braune Trekkinghose und ein Langarmshirt anziehe und durch ein Gesurre von Moskitoschwärmen ins Freie trete. Ich wecke wie versprochen vier weitere Frauen, warte, bis sie fertig angezogen sind. Ich liebe diese Zeit, es ist meine Zeit. Ich bin unsicher, weiß nicht, was für die Nomaden hier Sonnenaufgang heißt. In der Wüste wären die Nomaden jetzt schon auf und würden Feuer machen, aber hier in der Mongolei? In der Dunkelheit erahne ich die zwei Jurten, steuere auf sie zu, stecke sicherheitshalber zwei Steine ein, der Hund war mir gestern nicht geheuer. Als wir uns der Ziegenherde, die hinter den Jurten kauert, nähern, schlägt der Hund an, bellt einfach in die wattige Stille. Er ist frei, daher bleiben wir stehen und warten. Alles wird wieder still, haben wir das Melken schon verpasst? Ich gehe in der Dunkelheit noch mal zum Zelt zurück, hole mir meinen Rucksack, treffe auf Mona und Wana, die auch auf dem Weg sind. Der Horizont färbt sich immer mehr orange, die Mücken sind hungrig und wollen mich zum Frühstück. Ich fächle um mich herum und warte, will schon aufgeben. Da steigt Rauch aus der einen Jurte, eine Gestalt leert Asche aus, sieht uns drei in der Morgendämmerung fragend an, was wir hier wohl wollen? Ich mache die Melkbewegung, sie versteht nicht und holt die Alte, die uns sogleich in ihre Jurte bittet. Die alte Frau sieht frisch und munter aus, so als hätte sie gar nie geschlafen, hockt am Herd und seiht die Milch mit dem Schwarztee ab, füllt sie in eine Thermoskanne und bietet uns je eine Tasse an. Danach kommt der Plastikeimer, gefüllt mit bröckeligem Käse und glänzend eingewickelten Bonbons.

Inzwischen krabbeln die zwei Männer (Graham und ihr Sohn) von ihren Matratzen auf, ihre Gesichter sind verquollen. Sie rollen das Bettzeug zusammen, wickeln sich fein säuberlich ihre Fetzen um die Füße und schlüpfen in die Stiefel. In der Jurte ist es gemütlich, ich fühle mich wohl. Ich bin aber trotzdem unruhig, auch meine Nachbarin raunt mir zu, dass wir den Sonnenaufgang jetzt versäumen werden. So trete ich einfach raus aus der Jurte, mache Fotos von den Kamelen, groß und klein, freue mich ob der wunderschönen Bilder. Endlich ist es so weit, die Alte nimmt die Kanne, und wir dürfen mitkommen. Schön ist das! Kaum bindet sie ein Babykamel los, steht auch schon die dazugehörige Mama da. Zuerst darf das kleine Kamel trinken bis es satt ist, dann stellt sich die Alte von der anderen Seite ans Euter. Sie steht auf einem Bein, das andere hat sie wie in der Yogahaltung „der Baum" in der Kniekehle abgestützt. Jede Stute wird reihum gemolken, aber nur ein wenig, der Rest bleibt für die Kleinen. Was mir besonders gefallen hat, dass sie nach dem Melken in alle vier Himmelsrichtungen etwas von der Kamelmilch verspritzt hat, zu Ehren der Naturwesenheiten. So viel Verbundenheit mit der Natur und die ganze Zeremonie in dem herrlichen Morgenlicht. Es ist ein unglaubliches Bild, das mir mein Herz öffnet und mich tief drinnen im Brustkorb beglückt. Und die Natur spielt mit, wechselt von Minute zu Minute die Kulisse, die Sonne wärmt bereits und taucht alles in warmes Gold.

Jetzt geh ich ein bisserl liegen, hab Kreuzschmerzen. Zurück bei unseren Zelten erwacht der Rest der Gruppe, die Sonne knallt auf meinen Kopf. Ein Morgenschwimm. Das Flussufer ist sumpfig, und so sinke ich bis zu meinen Knien im Schlamm ein. Hat der Fluss heute Morgen weniger Wasser als gestern Abend? Komisch, es surren noch immer Moskitos um mich herum, wann schlafen die eigentlich? Ich hoffe auf ein gutes Frühstück, denn gestern gab es „nur" Brot,

Grießbrei in der Sonne, es ist affenheiß – das Land der Kontraste. Gesprächsthema beim Frühstück sind die Moskitos, das nervt schon, jede redet über ihre Stiche. Ich liege im Zelt, das schützt vor Sonne und den Gelsen, aber es ist heiß hier drinnen. Im Moment geht es mir recht gut auf dieser Reise. Ich werde Yoga machen und schwimmen gehen, während die eine Hälfte der Frauen Kamel reiten geht. Ich möchte ein Stückchen Gelassenheit mit nach Hause nehmen, ist ja alles nicht so wichtig – oder? Die Nomadenfrau hat mich tief beeindruckt, wie viel Gelassenheit sie ausstrahlt und wie viel Würde. Kein Wort und kein Handgriff waren bei ihr zu viel und keiner zu wenig, kein Gelaber um des Laberns Willen, zentriert, fokussiert, eins nach dem anderen in den neuen Tag, in die nächste Sekunde, in den nächsten Moment.

Gemalt, ein Aquarellbild schmückt mein Tagebuch, die zwei Jurten und der herrliche Fluss, die Landschaft sind in meinem Tagebuch verankert. Die ersten Frauen sind bereits mit den Kamelen unterwegs. Ich liege auf der Wiese inmitten des Kamillendufts, frisch abgekühlt vom Schwimmen. Die Ziegen und Schafe furzen gemütlich am gegenüber liegenden Flussufer und geben ein pointillistisches Bild in Schwarz-, Weiß- und Brauntönen ab, spiegeln sich im Wasser. Moskitos umsurren mich. Die Fahrer murmeln im Hintergrund und reparieren die Autos, gleich hinter mir weiden gemütlich die drei Jungstiere. Nennt man so etwas Idylle?

Der Kamelausflug vor dem Mittagessen war ganz nett, aber ohne Sattel hat es mir nach eineinhalb Stunden gereicht, außerdem war es brütend heiß. Das Schwimmen im Fluss ist nicht wegzudenken und herrlich erfrischend. Komisch, was für Wasserstandsschwankungen dieser Fluss unterliegt, jetzt führt er wieder Hochwasser, während er in der Früh seinen Tiefstand erreicht hatte. Gibt es da auch so etwas wie Gezeiten?

Heute gab es ein außergewöhnlich köstliches Mittagessen, selbst gemachte ziegenfleischgefüllte Teigtaschen, mit zwei leckeren Salaten dazu. Anschließend bauten wir die Zelte ab und zogen weiter.

Erst in der Dämmerung unseren Lagerplatz erreicht, wir zelten dreißig Autominuten von Hovd entfernt an einem Fluss mit herrlichen Weidenbüschen und, wie könnte es anders sein: Tausenden von Moskitos. Unsere Köchin hat mitten in der Dunkelheit wieder ein wunderbares Abendessen gezaubert, die Frauen saufen wieder diesen Fusel nach dem Essen. Echt nervend, ich gehe schlafen, bin müde. Eine Frau bekommt einen Ausraster wegen der vielen Nachtfalter und Insekten, die in der Dunkelheit, durch unsere Stirnlampen verwirrt, in unserem Essen landen. „Wohlstandsgezicke" nennt Mona das.
Ja, die Reise geht dem Ende zu.

Freitag, 03.09.2010

Mein Zelt steht im Schatten, ich schlafe länger als sonst, meine Blase weckt mich. Heute wache ich sachte und behutsam auf, sitze auf meiner Schlafmatte und warte, bis jede Zelle munter wird, die volle Blase kann warten. Zähne putzen am Fluss.

Wir zelten in einer Landschaft, die mich sehr an meine Heimat erinnert, hohes Gras, Weidenbüsche, die hier aber lange Dornen haben, und ein Bächlein, na eigentlich ist es ein Bach.

Zum Frühstück gab es heute Palatschinken und Spiegeleier, köstlich. Ganbat Unser mongolischer Reiseleiter hat gestern Abend in der Dunkelheit noch Eier geholt, mitten im Niemandsland. Ich frage mich immer, wo die Mongolen „einkaufen" gehen, denn mit meinen Augen sehe ich hier nichts, was nach Zivilisation aussieht. Im Anschluss veranstalteten wir ein ausgelassenes Nixenbad im Fluss, mein Lavendelduschbad macht die Runde und verhilft uns zu kollektivem Geruch. Es war nährend, mit so vielen Frauen nackt im Fluss zu tollen, und das Ganze noch mit einer Morgentoilette zu verbinden.

Gerade geht die Ohrwurmkassette hinter mir los, ich sitze in der Sonne, frisch gewaschen, mongolische Lieder dringen in mein Herz und lassen die Glückshormone fließen. Eine von uns setzt ihre Glückssonnenbrille neben mir auf, durch die die Farben dieser Landschaft in ein noch intensiveres Licht getaucht werden. Wir dopen uns sozusagen, während die mongolischen Fahrer die Autos warten, putzen und reparieren. Mit welcher Liebe und Hingabe das passiert! Unsere Männer machen das ja auch, aber immer nur sonntags.

Was mich interessieren würde, wenn ich die mongolischen Männer beim Putzen beobachte, ob sie wohl mit der gleichen Hingabe lieben? Ob sie mit ihren Frauen wohl auch so liebevoll umgehen? Ja, das wüsste ich gerne. Ich will die Musik, die gerade unsere Stimmung hebt, kaufen, haben. Wird sie zu Hause, in einer anderen Umgebung, dieselben Gefühle hochwallen lassen, wie hier? Egal, einen Versuch ist es wert. Ah, die Sonne wärmt mit einer enormen Kraft meinen steifen Körper, der das fehlende Yoga schon reklamiert. Ich mag unsere Chauffeure mit ihren dünnen weißen Gummihandschuhen, die innen gelb beschichtet sind. Solche Handschuhe hab ich noch nirgends auf der Welt gesehen. Verwunderlich, mit wie wenig Werkzeug sie auskommen, und sie singen die ganze Zeit, während sie die Autos reparieren. Von der Stimmung hier ist es ein bisserl so wie in der Bacardi-Werbung, nur eben auf mongolisch. Die gute Laune steckt an, alle schweben auf Wolke sieben. Selbst unser Reiserleiter zaubert ein entspanntes Lächeln in sein Gesicht. Eine der Frauen blüht förmlich auf, wird komplett neu, so hab ich sie noch nie gesehen, viel frecher und jünger wirkt sie. Sie holt immer noch ein frisches Gewand aus ihrem Rucksack, ich fühle mich wie bei einer Zaubershow.

Und wie geht es dir, Monika? Ja, gut geht's mir, habe heute noch mal ganz bewusst die Nacht im Zelt genossen, mit all ihren Geräuschen und dem Luxus, kulinarisch versorgt zu werden, sich um nichts kümmern zu müssen, als um die eigene Körperpflege. Das kenne ich sonst nur von meinen Reisen in die Wüste. Ich liebe es wild zu zelten! Schreibe ich jetzt eigentlich vorsichtiger in mein Tagebuch, seitdem ich weiß, dass ich es der Gruppe vorlesen soll? Wahrscheinlich nicht, aber irgendwas ist anders. Mach dich wieder frei, Monika, es ist DEIN Tagebuch!

Dankbar bin ich für

- ... diesen wunderbaren Fleck Erde auf dem ich wohne
- ... die wunderbare Landschaft, Vielfalt, viele Tiere, Blumen, Bäume, die mir Kraft u. Ruhe schenken
- ... für den Reichtum an selbstverständlich Materielle (Haus, soviel Geld, köstliches Essen in Übermaß, Strom, gepflegte Dörfer + Städte, Zugang zu Wissen ...)
- ... für alle Ahnen, die vor mir geboren sind u. ihr Leben weitergegeben haben mit viel Zuversicht, Hoffnung, Glauben, Wissen, Mut, Stärke
- ... meine spirituellen Lehrer und Begleiter/Innen von denen ich soviel lerne darf, mich austauschen, mitteilen, mitfühle, berühren, Neues lernen + ausprobieren
- ... meinen Mann, der mit mir meinen Weg geduldig, zuversichtlich, verblödend, schweigend, sich zurücknehmend mit mir geht.

Was ich wegfließen lasse

... meine Ängste, die mich innerlich eng und erstarren lassen – ich fühle sie und darf sie wahrnehmen u. sie dürfen sich verändern

... mein Neid, Geiz, Eifersucht, Hass auf Menschen, die etwas haben bz. Tun was ich nicht habe/lebe

... mein Wut auf mich selber – ich verändere sie in Selbstliebe und sie darf zu mir gehören

Vorbereitung für das Ritual
Gehe mit dem Wissen in das Ritual, dass deine Veränderung sich mühelos und leicht in dein Leben integrieren darf. Was möchtest du diesem Land/Platz als Dank da lassen? Beginne das Ritual am Wasser, schau auf's Wasser, lass es auf dich zufließen, dann ändere die Position und lass es von dir wegfließen. Dazwischen verdaue die Eindrücke, mach es wie die Wiederkäuer, die Kamele oder Kühe, immer wiederkäuen, in deiner Zeit, in deinem Tempo ...

Ich suche einen Platz.
Hier sind zu viele Gelsen.
Ein Platz im Schatten.
Ein paar Meter weiter der Sonnenplatz.
Mit Blick auf den Fluss, die Pferde, die Weite, die Schönheit.
So präsentiert sich die Mongolei.
Die schwarze Wolke, der Druck -
Sie ist immer noch da, aber der Druck geht.
Die Pferde gehen auch.

Der Wind erinnert mich an den Reiseabschnitt in den Bergen.
Und der Milan raunt mir zu: „Leichtigkeit ist angesagt."
Der Bach sagt: „Bleib so, du bist okay."
Der Wind ruft nach Veränderung und bringt die Angst vor dem Unwetter mit sich.
Er peitscht, aber nur die Oberfläche - unten fließt das Wasser sein Tempo.
Die weißen Pappelsamen tanzen für mich.
Ich versteh sie nicht, sie sprechen Mongolisch, aber sie machen mich lustig.
Ah, jetzt kommt der Kamillengeruch.
Tief ziehe ich ihn ein, genieße, warte gespannt auf den nächsten Abschnitt,
die nächste Überraschung

Während ich warte, dreht sich mein Körper
Ich nehme das Raunen des Kopfes nicht mehr wahr
„Das ist zu rasch", sagt er, ich schmunzle und weiß.
Ich staune, ich bemerke, ich begreife.
Es gibt zwei Anteile in mir, so wie sich der Bach in zwei Äste gabelt und eine
Insel entstehen lässt aus Steinen und Weidengebüsch. Den Anteil, der kraftvoll
weiterströmt und in einer sanften Biegung verschwindet, den kenne ich und
behalte ihn quasi als meine Ressource.

Was mich aber viel neugieriger macht, verwundert, das,
was neu ist, was ich hier gelernt habe...
Es ist der Zweig, der wild und ungestüm daherkommt, abrupt seine
Geschwindigkeit verändert - nein, es ist ein Zentrum, aus dem es quillt,
von dem all die Kraft ausgeht und sich in konzentrischen Kreisen verteilt ...
und völlig anders als der andere Arm dahinfließt.
Fließen ist schon zu viel gesagt, zu schnell, dieser Teil lässt sich von nichts
beeinflussen, egal ob es windet, er hat seine Langsamkeit und Zartheit, Sanftheit.
Sein Wissen wird gespeist von der zentralen Quelle.
Dieser Teil fasziniert mich so sehr, dass ich die Regenwolken gar nicht bemerke.

JA, DIESEN ANTEIL NEHME ICH MIT TOLERANZ UND MITGEFÜHL
KRAFTVOLL IN DIE RUHE, BEWUSST IN DIE SANFTHEIT...
EINFACH MEIN ZWEITER ANTEIL

Die ersten Tropfen mahnen zur Eile. Die zornigen Winde haben ihren Auftritt, so als wollten sie sagen: „Wir waren aber noch nicht dran!" „Herbei, herbei!" Ich sitze alleine im Zelt und räume auf, mache Ordnung, nehme wahr, wie draußen das Unwetter niedergeht.

Ich renne raus, sobald ich merke, dass die Sonne wieder durchkommt, denn schließlich will ich den Regenbogen nicht versäumen. Aber es ist nicht der Regenbogen, der mich ruft, es ist der Berg hinter unserem Rastplatz, auf den es mich treibt.

Ich husche auf den Berg, der Wind treibt mich voran, ist mir behilflich. Eine atemberaubende Aussicht ist der Dank, die Belohnung. Ich sitze am Stein, fotografiere die Landschaft, zoome, reiße die Kamera in die Höhe, um den Milan zu knipsen, der knapp über meinem Kopf steht und mit dem Wind spielt. Ich wachse, fühle mich stark. Wie Spielzeug muten die Autos auf der Straße und die Pferde auf der anders grünen Wiese an. Unser Rastplatz sieht gemütlich aus, aber auch klein wie Spielzeug. Ich throne auf dem Stein, lasse den Wind in meine Haare fassen, trotze ihm, wachse an ihm – und dann kommt ein Ton tief drinnen aus meinem Bauch, ein Gesang, den der mongolische Wind mit sich über die weite Ebene fortträgt, der mein Dank an dieses Land ist. Erst jetzt werde ich mir darüber bewusst, dass ich viel gelernt und mitgenommen habe, dass ich genährt bin von der wunderbaren Energie der Frauen, der Gruppe, die in Wohlwollen trägt, die toleriert, wo Platz ist. Platz für die Energie jeder einzelnen Frau, wo es Inspiration gibt, Lachen, Freiheit, Liebe. Ja, es ist gut so, und ich freue mich auf einen nächsten Lebensabschnitt daheim und wünsche mir, im Neuen sein zu können, diese Energie auch in mir leben zu können, im Alltag, in der Beziehung, in meiner Arbeit, einfach im Sein.

Spüren genährt geworden zu sein, hineinnehmen in den Körper, in mein Herz, tief einatmen in jede Zelle, den Adlersibir jauchzen, spüren berührt zu sein, dankbar, Vertrauen ins Leben zu spüren
— ja, dies Momente ganz achtsam wahrnehmen, genießen und in den Alltag einfließen hinüberfließen lassen — das ist Veränderung, Bewegung, Wachstum

Wir brechen nach Hovd auf, vierzehn Uhr, im Bauch ein herrliches Mittagessen.
Irre Landschaftsstimmungen, Regenschleier über sonnenbeschienenen Bergrücken. Wir vertreiben uns die Reisezeit mit Ratespielen, zoomen wirre Fotoausschnitte auf Digitalkameras, Grasmonster, Gürtelausschnitte, Wolkenhaufen, Rätselbilder. Und kaum haben wir's so richtig begriffen, treffen wir schon in Hovd ein. Streunende Hunde, feuchte Jurten in dreckigen Innenhöfen, kunstvolle Gartenzäune aus Altblechteilen, farblose Gestalten. Ein alter Mann im Rollstuhl beeilt sich, ins Trockene zu kommen. Hovd empfängt uns so, wie wir es verlassen haben: nieselnd. Im Camp anzukommen ist ein bisschen wie heimkommen. Wenn ich mich in der Weite umsehe, herrscht in jeder Himmelsrichtung eine andere Stimmung: Sonnenflecken, Regenwolken, blaue Löcher im Himmel. Mir kommt das Camp viel freundlicher vor als beim ersten Mal. Ich sehe es in einem neuen Licht, Lichtspiele, Naturschauspiele, Sonnenspiele, der kleine Bub spielt Ball, dumpfes Gelächter aus der Jurte – friedvolles Dasein. Es ist schon spät, es war ein total netter Abschlussabend mit wunderbarem Essen, Trinken und ausgelassenem Beisammensein. Wir haben unserer Köchin und unseren drei Chauffeuren Geschenke überreicht. Jede von uns bekam zwanzig Ziegenknöchelchen geschenkt von Garam. Die Ziegenknöchelchen dienen hier in der Mongolei als Spielsteine für Gesellschaftsspiele, Pferderennen. So was Ähnliches wie Pokern kann man damit auch, und natürlich werden die Knochen auch zum Orakeln verwendet. Je nachdem, wie die Knöchelchen beim Wurf zu liegen kommen, haben sie eine unterschiedliche Bedeutung.

Samstag, 04.09.2010

Ich wache in der Früh auf, es regnet. Ich muss aber raus aus dem warmen Schlafsack, um zu pinkeln. Oh, wie freu ich mich über mein festes Dach daheim und eine Innentoilette! Erst als ich richtig aufstehe, merke ich, dass es saukalt ist und es in der Nacht geschneit hat. Die Berge wolkenverhangen, ein guter Tag, um abzureisen. Meine Finger sind total klamm, ich hab aber bereits alle Gewandschichten übereinander angezogen, die ich mithabe, und auch noch die geborgte Fleecejacke. Ich packe den Rest in meinen Rucksack. So fällt mir der Abschied gar nicht schwer, die Mongolei zeigt wahrlich alle Gesichter! Ich fühle allen aus der Gruppe geht es so, ich glaube, alle wollen weg von hier.

Ausgiebig gefrühstückt, es regnet, ist kalt, nass, unwirtlich. Gestern noch musste ich weinen, als unsere Chauffeure dieses mongolische Lied gesungen hatten, ich war im Herzen so tief angesprochen. Heute freu ich mich auf die Heimreise. Die Seele hinkt immer etwas nach, aber alle übrigen Zellen wollen heim, zu meinen Kindern, zu meiner Familie.

Dick eingepackt und doch noch frierend warte ich auf die Abfahrt zum „Flughafen". Flughafen ist ja gut gesagt, es gibt hier nur eine Sandpiste und so einen „Tower", den sehe ich hier vom Jurtencamp aus, und drei Mal pro Woche wird Hovd mit einer Propellermaschine angeflogen. Ein bisserl Unbehagen bereitet mir die Wartezeit von zwölf Stunden am Moskauer Flughafen bei meiner Zwischenlandung, aber mal abwarten, vielleicht wird alles ganz anders.

Rührender Abschied von unserer mongolischen Crew. Ich musste weinen, da war so viel Herz und Präsenz! Wie unterschiedlich ich in die Arme genommen wurde: unser Fahrer hat sich mit so viel Sicherheit und Kontakt am Unterarm verabschiedet, Otro total verunsichert, Sirek so, wie er ist, dick, rundlich, herzlich. Irgendwas hatte unser Fahrer, es war das Leuchten in seinen Augen, ein Blick, der durch und durch ging und doch verschmitzt wirkte. Ich hoffe, die Augen meines Mannes leuchten auch, wenn er mich wieder sieht. Ja, ich kann es gar nicht glauben, dass ich morgen Abend daheim bin!

Der Flieger von Hovd hat mich ausgespuckt in eine Stadt mit Komfort, Ulan Bator, aber auch der dazugehörigen Hektik. Kaum aus dem Flieger, wurden wir abgeholt und direkt in eine Kashmir-fabrik gekarrt. Ich bin geschafft, der Kulturschock schlechthin. Irgendwie abgedreht, das Intensivprogramm nach dem Nomadenleben. Ich bin müde und fertig, mein Bauch ist aufgebläht, die Temperatur-schwankungen gewaltig. In Hovd null Grad, oder noch weniger, in Ulan Bator achtundzwanzig Grad, das macht auch müde, denke ich. Nach dem Shoppen ging es direkt zum Essen in ein Lokal, in dem mongolische Musikgruppen spielten. Für Duschen und Internet keine Zeit. Jede Minute durchgeplant.

Sonntag, 05.09.2010
Als ich gestern Nacht ins Hotel gekommen bin, hab ich alles umgepackt und noch meine Mails abgefragt. Darunter eine liebe Mail von meinem Mann, das hat gut getan,. Hoffe, er freut sich auch schon auf mich, so wie ich mich auf ihn. Bin heute Nacht nicht richtig zum Schlafen gekommen, um vier Uhr dreißig aufgestanden und mit dem Taxi zum Flughafen gefahren, davor im Hotel meinen zwölf Weggefährtinnen noch einen Abschiedsbrief geschrieben. Am Flughafen kurz gefrüh-stückt, ein paar Mitbringsel gekauft, die deutschen Reisegefährtinnen, die etwas später Richtung Berlin Abflug hatten, vor dem Einchecken noch ein letztes Mal getroffen und umarmt. Jetzt sitze ich bereits im Flieger mit Fensterplatz 19 A. Ja, jetzt geht wirklich alles schnell. Alle Leute sind busy, Italiener, Mongolen, Holländer, auf alle Fälle viele verschiedene Nationen. Neben mir sitzt eine gestylte Mongolin, die sich gerade eine Tablette einwirft.

Achtsamkeit

Werden Tabletten in der heutigen Zeit nicht zu rasch und zu bedenkenlos eingenommen? Was für Informationen geben sie denn an unseren Körper weiter? Bringen die uns nicht weiter weg von unserem Zentrum, als in unser Zentrum? Auch Kräuter, die wir zu uns nehmen sind nicht selbst gesammelt, all die homöopathischen Kügelchen – wir haben meist keine Ahnung vom Leben der Pflanzen. Unser Auftrag ergeht in Ungeduld „komm schon", Pflanzen und Tabletten sollen möglichst schnell helfen, wir nehmen uns nicht die geringste Zeit für Resonanz mit ihnen. Wo bleibt die Achtung, die Dankbarkeit? Die Pflanzen wachsen, sind für uns da, zu unserem Wohle. Wie heißt es so schön? Gegen alles ist ein Kraut gewachsen. Oft weiß ich gar nicht an welchen Standorten diese Kräutlein wachsen? Wieso laden wir sie nicht ein, uns gegenseitig kennen zu lernen, bevor wir von ihnen Heilung erwarten?
In jedem Job gibt es ein Vorstellungsgespräch, nie würden wir auf die Idee kommen, eine Arbeitskraft blind einzustellen. Wir lesen uns den Lebenslauf der Person durch, vergleichen, überlegen, dafür nehmen wir uns Zeit, letztendlich arbeiten wir ja mit dieser Person zusammen! Bedenke, jeder Medizin gewährst du Zutritt zu deinem Körper, zu deinem Innersten, und oft hast du keine Ahnung von ihr. Meist bekommst du noch einen „Lebenslauf" mit dazu, auf dem nur Negativdinge aufgelistet sind, so was nennt sich Beipackzettel! Also das wäre so, wie wenn du eine Arbeitskraft einstellen würdest und im Lebenslauf steht hauptsächlich das, was sie falsch machen könnte, wenn sie zu lange oder zu viel arbeiten muss, wie sie im negativen Sinne reagiert, sollte sie überfordert werden. Vielleicht hilft vor dem Einnehmen einer Medizin kurz durchzuatmen, präsent zu werden, gewahr sein. Dann werden wir empfänglich für die vielen kleinen Hilferufe des Körpers, bevor die großen Katastrophen passieren! Ich spreche von den Kopfschmerzen, die als Warnsignal vorausgeschickt werden, bevor der „Schnellkochtopfkopf" explodiert und es zum Schlaganfall kommt, dem grippalen Infekt, der dem Körper eine Auszeit, eine Pause signalisieren will, vom Kreuzschmerz, der dir sagen will, schalte zurück, nimm den Druck aus deinem Leben, vom immer wiederkehrenden Harnwegsinfekt, der dich vielleicht einladen möchte, deine Sexualität neu zu

überprüfen, vom kleinen gutartigen Knoten, der herausgeschnitten wird, ohne zu überlegen, wieso es dazu gekommen ist. Ich meine die innere Unruhe, die mit Beruhigungs- und Entspannungsmitteln niedergeknüppelt wird, statt zu überprüfen was dahinter steckt, oder die Schlafstörung, die du hast, weil deine Gedanken nicht mehr zur Ruhe kommen.

Natürlich gibt es immer wieder Momente, in denen ich die Schulmedizin als sehr hilfreich und wichtig empfinde. Ich wettere nicht gegen Antibiotika, Cortison, Chemotherapie, ... Ich wünsche mir vielmehr ein Miteinander und Nebeneinander von Schulmedizin und Komplementärmedizin. Ich wünsche mir mehr als nur schwarz und weiß zu denken, unser Leben darf auch bunt sein. Auch beim Kochen ist mir Salz und Pfeffer zu wenig, auch da nehme ich mir mehrere Gewürze und liebe diese Fülle.
In meiner Arbeit wäge ich achtsam ab, überprüfe welche Untersuchungen nötig sind, wo rascher Handlungsbedarf besteht und welche Behandlungsmethode am geeignetsten ist. Intuition und Wissen verschmelzen bei der Behandlung. Ich wünsche mir für uns Menschen ein Aufleben unserer Urinstinkte, ein Vertrauen in unser Bauchwissen, das tiefe Wissen unserer Vorfahrinnen und Ahninnen, das immer da ist, da war und da sein wird, damit wir unseren Körper noch genauer verstehen lernen.
In einem Vortrag hab ich mal so einen schönen Satz gehört: Jeder Körper geht in Gesundheit, wenn du ihn lässt. Das hat mich tief berührt.

Mit ziemlicher Verspätung abgeflogen, es gab verstärkte Sicherheitskontrollen, denn ein Passagier führte eine Waffe mit sich, keine Ahnung, was da genau los war, ich habe einstweilen geschlafen. Der Flieger ist recht voll, Kinder weinen, ich kann trotzdem so vor mich hindösen, denke an meine Kinder, an die Freunde meiner Kinder, an meinen Sohn, der ja heute Geburtstag hat. Manchmal schweifen meine Gedanken in die Zukunft, ob mein Mann und ich mit unseren Enkelkindern je auf Urlaub fliegen werden? Beim Start bin ich kurz aufgewacht und dachte mir, wie sinnlos es eigentlich ist, ich fliege wohin, trample dort herum und verdrücke mich nach 3 Wochen wieder, das Ganze heißt dann Urlaub – ist schon komisch, finde ich.

3 Stunden später:
Hab einen saublöden Film im Flugzeug angesehen. Ich stelle mir gerade vor, wie schön es ist, meinen Mann zu küssen, ihn wieder in meinen Armen zu halten und gleichzeitig habe ich Angst, ihn einzuengen, ihm die Luft zu nehmen. Das will ich nämlich nicht mehr. Vielleicht braucht mein Mann ein anderes Tempo? Alles Materielle ist mir im Moment egal, wenn ich an daheim denke. Wie weit der Badezimmerausbau ist, wie mein Garten aussieht, ja das fühlt sich alles sehr unwichtig an. Ich bin nur auf meinen Mann gespannt und was er alles so erlebt hat in den 3 Wochen. Fliege gerade über Novosibirsk.

Etwas später:
Jetzt hatte ich gerade eine Begegnung mit einer interessanten Frau. Sie kommt von einer fünfzehntägigen Mongoleireise mit Ballon, die sie für 20 Personen organisiert hatte, zurück. Die sind mit 2 Lastautos und 4 Ballons durch die Mongolei getourt, stelle ich mir auch irre vor, klang aber alles sehr anstrengend, die Ballons samt Gasflaschen im Flugzeug mitzunehmen. Ich liebe Reisetagebücher zu schreiben, auch das, was ich male, zeichne und einklebe, macht mir total Spaß und ich lese sie mir auch immer gerne wieder durch.
Was diese Fluglinie für seichte Filme zeigt. Diese Flimmerei macht mich ohnedies müde und die Zeitverschiebung. Mir fällt auf, dass wir die drei Wochen über kein einziges Flugzeug am mongolischen Himmel sahen. Dieses Eintauchen in die Langsamkeit beziehungsweise in die Natur und das Nomadenleben genieße ich immer wieder, allerdings benutzten wir das Auto. Ich male mir gerade aus, wie die Reise ausge-

sehen hätte, wenn wir sie zu Fuß unternommen hätten, wahrscheinlich komplett anders. Das Reiten auf den Tavanbogd hat mir besonders gut gefallen, aber alles braucht so viel Akklimatisation, die Höhe, die Zeitumstellung, das Einstellen auf neue Menschen.

Ein bisschen hab ich auch Angst, nach Hause zu kommen. Angst davor, dass ich etwas zerstöre, wo eindringe, Disharmonie reinbringe. Zweitens hab ich Angst, dass ich zerstört werde, mein Neues, durch Umstände, Arbeit, Aufgaben, Worte, Situationen. Ich glaube, es ist eine ganz wichtige Zeit, die ich am Moskauer Flughafen für mich haben werde. Klingt etwas sonderbar, aber schließlich können Übergänge überall stattfinden. Raus aus der Gruppe, in ein multinationales Stimmengewirr, das sich, so denke ich, im Flieger nach Wien kanalisieren wird, bis ich bei den vertrauten Stimmen meiner Familie landen werde. Ja, das sind meine Wurzeln, die mich nähren, meine Familie, der Zusammenhalt, meine Eltern, meine Freunde – ich bin froh und dankbar, so gute und feste Wurzeln zu haben.

Nachtrag zur Begegnung mit der zweiten Schamanin aus dem Norden. Hab mich auf dem Rückflug von Hovd mit Mona darüber unterhalten, denn ich hab ja keine Einzelsitzung bei ihr gehabt und Mona schon. Mona meinte, die Schamanin habe nichts Konkretes bei den Einzelsitzungen von sich gegeben und sie sei nicht so gut gewesen. Ich kann nichts dazu sagen, hab ja nicht viel von ihr gesehen. Aber beide Begegnungen mit den Schamaninnen waren irritierend für mich. Es gibt traditionell eingeweihte SchmanInnen, und das ist gut. Die zwei, denen ich begegnet bin, fand ich befremdend, eben mit roten Fingernägeln, dem Handy, das sie unmittelbar nach der Trance bedienten oder auch während der Sitzung, so wie das bei der zweiten Schamanin der Fall war, nichts von Naturverbundenheit. Das, was Cambra Maria Skadé geschrieben hat, ist in meinem Herzen ganz anders angekommen, als das, was ich erlebt habe. Berührt haben mich in der Mongolei die Gesänge, die Landschaften, die Leute, aber eben ganz anders als ich das in ihrem Buch gelesen hatte. Ist es etwa deshalb verschwunden?

Zu Hause werde ich mich durchchecken lassen, so wie Tungaa mir geraten hat, aber im Moment hab ich davor keine Angst mehr. Irgendwie haben diese Begegnungen eine Suche beendet, ein Gefühl von „das will ich auch sein", zur Ruhe kommen, und eine Zufriedenheit bei mir einkehren lassen. Zufrieden mit meiner Arbeit und wie ich behandle, heile, arbeite.

Das, was ich auf dieser Reise gelernt habe: mein Gegenüber sein zu lassen, allen Menschen ihr Eigenes zu lassen, Raum zu geben, Luft, Pausen, Zwischenräume, Meinungen stehen zu lassen, Weichheit und Offenheit für andere Leute. Das macht frei, froh und glücklich und bietet die Möglichkeit, neu aufeinander zuzugehen, sich neu zu begegnen.

Wie schnell doch mein Verstand arbeitet

... und schon bin ich wieder im Bewerten, Beurteilen, Verurteilen und Hinrichten gelandet Das ist ein alt eingefahrenes Muster, das ich gut gelernt habe und seit meiner Jugend perfekt beherrsche: Schau mal was der für komische Hosen trägt; meine Güte hat die eine unvorteilhafte Frisur; na, die ist auch dick geworden; was, das soll eine Schamanin sein, mit roten Fingernägeln?... Ja, das sind alles vorschnelle Denkmuster, die mich eng machen und eine Position beziehen lassen. Ich bin dann nicht mehr frei, denn ich hab mich ja geoutet, positioniert und würde das Gesicht verlieren, wenn ich das Gegenteil behaupten würde.

Seit meiner Reise erkenne ich diese Muster, schmunzle, wenn ich mich dabei ertappe und bin dann sofort neu. Das geht ganz rasch, es ist wie einen Schalter umlegen, einen Atemzug nehmen und ich bin frei, selbstbestimmt und offen für Neues. Als ich das erkannt hatte, als mir das bewusst wurde, kann ich die Sätze von Mitmenschen nicht mehr nachvollziehen, die mir weiß machen wollen, dass Veränderungen ihre Zeit brauchen. Ich bin es, die das Tempo meines Verstandes bestimmt und er arbeitet in beide Richtungen gleich schnell. Ich bestimme, ob es in die Enge oder die Freiheit geht. So wünsche ich dir und mir viele Entwicklungsschritte in die Leichtigkeit und Freude.

Transit – 12 Stunden am Moskauer Flughafen

Bin in Moskau, warte auf den Transfer zum Terminal F, war jetzt schon insgesamt sechs Mal auf dem Klo, habe totalen Durchfall und Bauchschmerzen. Ich glaube nicht, dass das mit Nervosität zu tun hat, denn ich fühle mich ruhig und gut. Leider bekomme ich am Flughafen kein Visum für Moskau, um in die Stadt zu fahren, das werde ich nächstes Mal früher beantragen. Der alte Teil vom Moskauer Flughafen ist ein echter Absturn, teuer und abgelebt. Werde mich hinlegen und die Beine hochlagern, es ist viertel nach drei Uhr hier, für mich ist es abends. Im Moment bin ich ganz weit weg von der Mongolei, der Abschied in Hovd kommt mir vor, als wäre es vor Wochen gewesen.

Sechs Uhr, die Zeit dehnt sich, ich bin geistig schon voll daheim gelandet, körperlich hänge ich noch immer am Moskauer Flughafen herum. Immerhin konnte ich bis jetzt über vier Sitze ausgebreitet gut dösen. Hab kein Bargeld mehr, aber etwas Durst. Wie viele Destinationen die da aufrufen, ein richtiger Ameisenhaufen, diese Welt. Die Luft am Flughafen ist sehr schlecht, zwar gibt es Raucherzonen, aber die mischen sich leider mit den Nichtraucherzonen und die Luftmoleküle kennen keine Grenzen. Ich mag schon daheim sein! Ich glaube es kaum! Das Boarding beginnt pünktlich! Ich habe die Wartezeit überstanden.

Währenddessen hab ich mein Buch „die Karawane" von Galsan Tschinag (mongolischer Autor) fertig gelesen. Ja, es war wirklich so, wie er es in diesem Buch beschreibt, die Autos fahren durch so tiefe Gewässer beim Überqueren der Flüsse, dass mir die Luft weggeblieben ist. Im Sumpfgebiet ist unser Fahrer ausgestiegen, hat seine Jeans ausgezogen und zuvor überprüft, wie weit er einsinkt im Schlamm, und ob das mit unserem Auto machbar wäre.

Zwanzig Uhr dreißig, es geht los, auf in mein Heimatland Österreich, immer wenn es heimwärts geht, macht sich so ein verwurzeltes Gefühl breit, ein Zuhause-Gefühl, schön, dass ich das habe!

MEIN "JETZT"

gelassen schreibend sitzend müde
umgezogen frisch gemacht
frisiert und Zähne geputzt
hab ich etwas schweren Kopf
neu begegnend
abwartend freudig
liebend ruhig

Montag 06.09.2010

Mein Körper ist schon da, er geht in die Praxis, er wühlt sich durch die Berge von Post, durch die E-Mails, beantwortet Fragen von meiner Tochter. Ich habe noch immer Durchfall, lade die Reisefotos auf meinen Laptop – oh, da sind ja ein paar ganz schöne dabei. Bekomme Geschenke, eine Körperlotion von meinem Arbeitskollegen, Blumen von meiner Mama, – es geht so schnell, ich komme nicht nach. „Brauch ich auch nicht", denke ich und lass die Arbeit liegen. Mein Konto ist total im Minus, auch das regt mich nicht auf. Mein Mann erzählt mir, dass das Auto repariert gehört, ja fein, wird schon passen. Zu Mittag gehe ich heim aus der Praxis, die Sonne scheint, der Himmel ist im Kleinen etwas so wie im Altai, dich kenn ich doch, du tief hängende schwarze Wolke, du kommst mir so bekannt vor! Als ich mit ihr Kontakt aufnehme, steigen Tränen hoch, und ich lache – mit einem riesigen Gartenblumenstrauß in der einen und dem Laptop in der anderen Hand. Ja, für heute war's genug. Hab eine Patientin behandelt, ich kann das Gejammer und die Erklärungen gar nicht hören heute, sie lösen bei mir kein Interesse aus. Daheim dampft das Essen, mein Mann hat wunderbar gekocht, Fleischlaberl mit Erdäpfelpüree und Karotten, es schmeckt köstlich. Mein Garten muss warten, ich hab keine Lust auf Gartenarbeit. Mit meinem Sohn Handy kaufen gehen? Ja, das macht mir Spaß, das freut mich jetzt, nicht das Kaufen, aber mit ihm zu sein, Zeit mit ihm zu teilen, das gefällt mir. Danach möchte ich in Ruhe meine Fotos ansehen. Hier herbstelt es sehr, und ich finde alles laut, die Flugzeuge am Himmel, die Nachbarin, die in ihrem Garten redet, und etwas eng ist es hier, ja, eng.

Gestern, beziehungsweise heute Nacht war das Ankommen sehr schön. Meine jüngere Tochter hat mich so innig umarmt bei der Begrüßung am Flughafen, und mein Mann hat von innen geleuchtet, ganz schön war das! Meine Freundinnen haben mich schon alle angerufen, sich erkundigt, wie es war, ich kann nichts sagen, vertröste sie auf später. Mittagessenseinladungen sage ich ab. „Sachte, sachte", haucht und raunt es.

Was ich genial finde, ich kann in die City gehen und sehe sie gar nicht, nehme sie nicht wahr, blende sie aus. Ich komm an lauter Rap-Musik vorbei, und zum ersten Mal lass ich meinen Körper dazu schwingen und finde sie in Ordnung. Am Nachmittag in der letzten Abendsonne meinen Garten entdeckt, ihm Hallo gesagt, und er hat mir zur Begrüßung ein paar Unkrautbüschel entgegengestreckt. Ich hab sie ausgerupft, wie meine Schweinsborsten am Kinn, die ich zupfe, wenn sie abstehen. Anschließend noch die letzten Grasinseln, die mein Mann kunstvoll stehen gelassen hat, gemäht, da sich dort die Birnen und das ganze Fallobst verstecken. Das hat mich wieder ein Stückchen ankommen lassen. Die Mongoleifotos, die für mich diese Weite eingefangen haben, retten mich über den Tag. Am Abend bin ich erstmals bereit, länger zu telefonieren, ja genieße es sogar, nach drei Wochen handyfreier Zeit. Irgendwann in der Zukunft möchte ich komplett frei sein von meinem Mobiltelefon. „Sachte, sachte", raunt es, Schritt für Schritt, so werde ich es in meinem Leben tun, ja auch mit dem Handy – sachte loslassen.

Dienstag 07.09.2010
Gut geschlafen, der Wecker hat mich geweckt, aber es hat gepasst. Fit und fröhlich aufgestanden. Draußen ist es kalt, meine Decke herrlich warm

 Ein warmes Bett ist bei uns zur Selbstverständlichkeit geworden, und immer wenn ich von längeren Reisen zurückkomme, wird mir dieser Komfort erst bewusst. Ist es wirklich bequem, ein Zimmer und ein Bett? Ja, bequem schon und warm auch. Ist es aber nicht auch eng, im Vergleich zum riesigen blauen Firmament mit all seinen Sternen, das dich zudeckt, wenn du unter freiem Himmel übernachtest? Hast du schon mal auf deinem Balkon, auf deiner Terrasse oder auf einer Wiese gelegen und in diesen nicht enden wollenden Sternenhimmel geschaut? Der fehlt mir oft in meinem Schlafzimmer!

Unglaublich, dass ich heute gut arbeiten konnte in meiner Praxis. Habe bei der Craniosakral-Behandlung die Weite der Mongolei in meine Arbeit einfließen lassen, sie den Körper der Patientinnen verzaubern lassen, sie durchgepustet und gesungen und dann gut und fest verwurzelt auf Mutter Erde landen lassen. Das hat mir gefallen und mich genährt.

Später:
Es hat gerumpelt und fühlt sich komisch an, fast enttäuschend. Nach dem ganzen Tag arbeiten und dem Weg zum Heurigen ist irgendwas zerstört worden, eine Türe wieder zugegangen, breitet sich etwas Altes grinsend aus, kriecht und krabbelt in mein Herz. Es nagt und frisst daran, ich werde wieder bedürftig, und etwas erlischt. Kann ich es noch mal anzünden, das Licht? Viel zu viele Antworten habe ich gegeben, das zerstört mich. Die Ohren der Menschen sind zu. Ich bin eng geworden, enge auch andere ein. Es beginnt mich zu nerven, ich ziehe mich zurück, gehe hinauf in mein Schlafzimmer, in meine Höhle, werde ruhiger, mein Mann schaut unten Fußball. Ich brauche Abstand. „Du bist nicht vorsichtig genug mit dir, Monika, langsamer, nicht so rasch alles", raunt es mir zu.
Sofort steigt wieder diese befreiende Weite in mir auf, ja, ich finde meinen Platz wieder, es fühlt sich wieder ruhig, kräftig und gut an in mir. Ich mache mein Ding, in meiner Zeit, in meiner Energie.

Mittwoch, 08.09.2010

Ich wache auf, Göttin sei Dank. Ich hab keinen Ausweg in meinem Traum gesehen, deshalb bin ich froh, wach zu sein. In dem Traum geht es um meinen Mann, darum, dass ich seine Aufmerksamkeit möchte und sie nicht bekomme. Eine Szene im Traum: ich trete in die Nacht hinaus, nehme mein Fahrrad, weiß, dass ich nur den Berg runterradeln muss und schon daheim bin. Wache dadurch auf, dass mein Sohn nach Hause kommt, spät in der Nacht. Ich klammere mich an den Traum, um ihn nicht zu vergessen, war es nur ein Traum? Ich wälze mich zur Seite und merke, dass mein Mann wirklich nicht neben mir schläft, er schläft irgendwo unten im Haus, ich höre ihn schnarchen. Einerseits ist es gut, andrerseits irritiert es mich, dass er nicht da ist. Es löst in Kombination mit dem Traum etwas Anderes, Altes in mir aus. Ich werde verlassen, alleine gelassen, bekomme keine Zuwendung. Meine Gedanken wandern in meine Kindheit, an den ersten Tag in meinem Leben daheim, an die erste Nacht – auf mich alleine gestellt. Ich spüre, wie es mich auch weiter gebracht hat – es kommt keine Hilfe – du bist es, Monika, du bist eingeladen, für dich zu sorgen. Aber, aber... Wie ist es im Sex, in der Liebe? Auch da, geh und buche ein Tantra-Seminar für dich, werde aktiv, lass Neues auf dich einströmen, trau dich, geh deinen Weg. Du musst nicht mehr ausharren und warten, bis er Zeit hat, bis der Fernseher kein interessantes Match mehr ausspuckt oder die Kartenrunde fertig ist, niemand verlangt das von dir. Buch eine Reise in die Wüste, geh in die Berge, geh und mach wonach dir ist, lebe deine Sehnsüchte. Du willst keine Städte bereisen, du willst nicht nach Florenz, Monika, dann lass es eben, mach einfach dein Ding! Aber geht sich das alles finanziell aus, meldet sich die Angst? Ja, das wird schon klappen, ist finanziell ja immer gut ausgegangen. Du bist fünfzig Jahre, also lebe! Gestern kam auch so eine Beklemmung, als mein Mann mir mitteilte, dass er nächstes Jahr auf Weltreise gehen wird und er möchte, dass ich mitkomme. Mal sehen, aber das alles löst bei mir kein „ja, toll" aus. Weder, dass ich mitkomme, noch, dass ich ihn oft besuchen komme. Aber warum nicht? Ich bin meinen Mann gewöhnt, mag ihn, finde ihn rührend, was er tut und macht, ich begegne ihm von Angesicht zu Angesicht, schaue nicht auf. Ich kenn ihn gut, weiß, wenn er zappelig wird, weil er fernsehen will und keine Zeit hat, mir seine Präsenz zu schenken. Ja, das finde ich in Ordnung, dass er so gut für sich sorgt. Ich bin eingeladen, es auch zu tun – und ich werde es tun, ich tu es ja. Aus Genuss und nicht aus Trotz, das ist wichtig. Ich bin mit einer relativ engen Ansicht aufgewachsen, die lautet: Nur eine enge Familie ist eine gute Familie, nur eine enge Beziehung ist eine gute Beziehung.

Und ich behaupte, die grenzenlose Weite der Mongolei ist gut, befreiend und reinigend, dagegen war sogar die Wüste eng für mich. Als mir meine Hotelzimmernachbarin in Ulan Bator in der ersten Nacht erzählte, wie ihr Leben mit fünfzig durchgerüttelt wurde, war ich fast etwas enttäuscht, dass mein Leben so normal und unspektakulär verläuft. Aber ich spüre, der Rumpler bahnt sich an, ich brauche neue Schwingen der Berührung und der Sexualität, ich habe Lunte gerochen, es ist wie ein altes Wissen in meinem Bauch, das entdeckt werden will. Ich bin wie eine hungrige Raubkatze, die unruhig hin und her streift mit dem Fokus Beute zu machen und nicht vorher locker lässt, bevor sie satt ist. Erst dann bin ich bereit, für andere zu sorgen, für Enkelkinder da zu sein. Jetzt gehe ich meinen Weg in der Erforschung der Berührung, der Nähe, der Begegnung. Wie tief kann Begegnung sein? Die Begegnung mit den zwölf Frauen in der Mongolei war sehr respektvoll und tief, nährend und berührend, und ich will mich weiter steigern, dafür nehme ich mir Zeit, Energie, Freude, Lust und Weite. Ich will es nicht mehr lesen, ich will es spüren.

Gestern vor dem zu Bett gehen rief mich das Buch „Am Feuer der Schamanin" und ließ sich finden. Es lag neben dem Bett meines Mannes, unter all seinem Kram. Ich drückte es an mich, hieß es willkommen, freute mich mit ihm, dass wir wieder beisammen waren und blätterte darin. Ich ließ die Seiten durch meine Finger gleiten und las mit anderem Verständnis. Ich konnte nachvollziehen und begreifen, was ich beim ersten Mal lesen nur gefühlt hatte.

Mittwoch, 08.09.2010
Es nieselt draußen und ist noch stockdunkel. Ich sitze im Bett, in eine dicke weiche Decke gepackt und der Kugelschreiber fliegt über mein Tagebuch, möchte meinen Traum zu Papier bringen. Jetzt geht's mir wieder gut, die Traumenergie ist gegangen, ich bin wach, 5 Uhr morgens.

Schlafstörungen

Gibt es die überhaupt? Ist das wirklich eine Störung? Bin ich im Moment gestört, weil ich um vier Uhr früh in meinen Computer tippe? Ich fühle mich eher ungestört. Keine Geräusche, wattige Stille der Nacht, eine Kerze flackert, und die Schatten tanzen für mich an der Wand. Ja, aber wie soll ich denn morgen früh arbeiten, beziehungsweise heute früh? Ich warte ab. Ich suche nach einem Titel für mein Buch. Ich drehe das Licht auf und schreibe. Ich drehe ab und träume, warte auf die nächste Inspiration, die sich sofort wie auf Knopfdruck einstellt, es braucht nur die Dunkelheit, Licht an und schreiben, Licht aus und warten. „Peng", schießt der nächste Buchtitel in meinen Kopf, so lustvoll ist es im Dunklen entstehen zu lassen. Es ist wie ein Spiel und doch hab ich großen Respekt und tiefe Dankbarkeit gegenüber dieser Energie, die mich so beflügelt. Dankbarkeit für die geschenkte Zeit der Dunkelheit, dass ich sie wach und bewusst erleben darf, die Zeit der Kreativität, die Zeit mit mir.

Ich war in der Praxis, habe aber nichts verdient, war sozusagen unproduktiv, aber ich bin anders da, mache andere Dinge. Ich errichte einen Mongoleialtar in meinem Praxisraum und sortiere meine Fotos, lass ganz viele Reiseeindrücke Revue passieren und sich in meiner Ordination ausbreiten.

Dreizehn Uhr zehn, aushalten, dass nichts passiert, dass die Zeit daheim mit Leere gefüllt wird, die sinnlosen Konversationen aushalten, die Energie aushalten. Es regnet, das finde ich gemütlich. Ich finde nicht mehr in meine Familie, hab hier keinen Platz, füge mich nicht mehr ins Alte ein, verbiege mich nicht, lass es abperlen an mir, abperlen an meiner Haut, die die zornigen Mongoleiwinde gespürt hat.

Schwelle

Wenn ich nach Hause komme von meiner Arbeit, brauche ich absolute Stille, kein Radio, kein Fernseher, kein Ansprechen. Ich brauche Zeit, um meine Schwelle zu überschreiten, die Schwelle von meiner Arbeitswelt als Ärztin, Heilerin, kompetente Frau, in die Dimension, in der ich als Monika den Tag lebe. Ich trenne Arbeit und Freizeit. Das ist mir sehr wichtig und schafft Klarheit in meinem Leben.

Hier in meiner Privatsphäre, in meinem Spinnennetz kann ich ganz andere Facetten von mir erfahren. Es sind hier andere Düfte, andere Energien. Spirituelle Räume öffnen sich, und ich werde weit für mich. Hier bin ich nicht mehr für andere da, hier bin ich zu Hause und dehne mich in Freude aus, gehe meine Gartenrunde, begrüße all meine Pflanzen, lausche, ob eine etwas braucht, halte Zwiesprache mit Ihnen. Die Spirits bei mir daheim lieben es, wenn ich da ein frisches Moosbett für meine Göttinenfiguren herrichte, dort eine Steinspirale abstaube, die sich am Fußboden entlangwindet. Ich zünde ein Räucherstäbchen bei meinem Kraftplatz im Garten an und eine Kerze am Ahninnenplatz auf meinem alten Kasten, in dem schon die Holzwürmer hausen. Behutsam setzte ich ein paar Gänseblümchen in eine Wasserschale und lasse die Blumenköpfe darauf tanzen und freu mich ob so viel Schönheit. Genährt lege ich mich auf mein Lammfell und atme umringt von all den Kraftplätzen ein und aus und ein und aus – und weiß, alles ist gut, solange ich mit mir in Kontakt bin. So kann ich mich entspannen. Dann nehme ich meinen Körper bewusst wahr, komme an: daheim – bei mir – in mir.

Freitag, 10.09.2010

Ich glaube, heute ist meine Seele angekommen, so urschön, so jungfräulich und neu. Trotz des intensiven Arbeitstages konnte ich meine Mongoleierfahrungen in mir bewahren. Ich brauche schon noch viel Zeit zum Ausruhen und muss aufpassen, dass es in der Arbeit nicht zu dicht und zu eng wird, weniger ist mehr!

Samstag, 11.09.2010

Ja ich bin da, die Sonne lockt mich in den Garten, ich genieße die Fülle, die Schönheit, den Komfort. Hab mich gestern in der Stadt mit einigen alten Freundinnen getroffen. Ich steh woanders, bin noch zu weit weg für die Stadt oder auch nicht, es ist, was es ist. Ich genieße meine Toleranz und meine gute Laune. Mit meinem Mann ist es schön und frei. Er kann, was er kann, mehr geht nicht, und ich lasse es so, fordere nicht mehr, gehe meinen neuen Weg und es ist sehr gut so. Liebevoll mit ihm und liebevoll mit mir. Da gibt es ja dieses wunderbare Mantra: dir deins, mir meins, in Liebe.

Natur und ich

Verwunderlich, wie zutraulich die Vögel geworden sind, noch nie sind sie mir so offen begegnet. Gelegentlich kommt es mir vor, als wollten sie Kontakt mit mir aufnehmen, mich auf einen Austausch einladen. Sie setzten sich auf meine Hängematte und schaukeln eine Runde, sie fliegen so tief und knapp an mir vorbei, dass ich aufschrecke und plötzlich hellwach bin. Manchmal berichten sie mir aufgeregt, manchmal besorgt, hat es mit der Umweltkatastrophe in Japan zu tun, merken die das hier auch?

Ich bin sicher, dass alles auf dieser Erde in Verbindung, in Resonanz miteinander ist und überall wahrgenommen wird, wenn du nur sensibel genug dafür bist. Wo ist meine Sensibilität geblieben? Wenn ich innehalte und bewusst werde, dann erblüht sie, dann tritt sie mehr zu Tage, dann kann ich die vielen Vogelstimmen viel genauer hören, sie machen mich glücklich, so einfach geht das und ich bin glücklich. Auch das Summen der Bienen unter dem blühenden Weichselbaum versetzt mich in Entzücken, und plötzlich kann ich Wespengesurre von Bienengesumse unterscheiden. Wenn bei mir daheim Ruhe einkehrt, alle außer Haus sind, dann beginne ich mich auszudehnen, werde immer weiter und größer und erlebe mein Zuhause ganz neu. Ich beginne mich mit den Pflanzen auszutauschen, gehe meine Gartenrunde, überprüfe, ob auch wirklich alle Pflanzen eine Daseinsberechtigung haben. Jetzt, wo ich das schreibe, kommt mir das ja ziemlich vermessen vor, dass ich dem Löwenzahn keinen Platz in meinem Gemüsebeet zugestehe und dass in meinem Blumenbeet für Breitwegerich kein Platz sein sollte. Wie kleinkariert ich bin, wenn ich zu bestimmen beginne, was wo zu wachsen hat. Wir haben vor langer Zeit begonnen, es kompliziert zu machen, indem wir Felder bebaut haben und die Ernte immer noch ertragreicher haben wollten. Unglaublich wie viel Essbares uns Mutter Erde zur Verfügung stellt – ohne unser Zutun.

Manchmal ertappe ich mich dabei, dass ich immer noch zu viele Pilze sammle, zu viele Heidelbeeren einkoche, zu viele Kräuter trockne, obwohl ich gar nicht so viel vertilgen kann. Ach, das Wort „vertilgen" spricht ja schon Bände. Statt „genießen" schreibe ich „vertilgen"!

Auf meinen Pflanzenwanderungen bin ich eingeladen, immer neu zu überprüfen und hinzuspüren. Nur so viel Knoblauchrauke abzupfen, wie ich heute essen werde, nur so viel Nelkwurz mitnehmen, wie ich heute verarbeiten will, ein kleiner Salat aus Vogelmiere (Heilpfanze) reicht, um mich zu entspannen.

Plötzlich bemerke ich, dass einige Pflanzen gerne mitgenommen werden und andere sich sträuben, also lasse ich die, die sich sträuben, stehen und erkläre Ihnen, wie ich ihre Artgenossen zubereiten werde. Ich bewundere den Mut dieser Pflanzen, einfach zu beschließen, hier zu bleiben, mir so klare Botschaften zukommen zu lassen.

Was ich von meiner letzten Wanderung zu erzählen habe:
Frauenmantelgeflüster, Spitzwegerich sammeln,
Vergissmeinnichtfelder, Hahnenfußgelb mit Dotterblumensonne,
kugelprimelnrosarote Wiesensümpfe,
Wolkenschieben, Regenduft, Grasgeruch, Bachgeplätscher,
Fliegenschwarm auf Kuhfladen,
Schmetterlingsgeflatter, Enzianblau vor Himmelblau,
Steingespräche, Gerstelsuppe vor Topfenstrudel,
Kuhglockengebimmel, Schafherden,
Wolkentürme vor Schwarzensee,
Wanderstock mit Schwemmholzkunst,
Mittagsschlaf auf Steinbettahnen,
Blätterdachschutz,
Regenplatsch auf Autodach.
Ich hab's geschafft und verkrieche mich müde
und glücklich unter meiner Bettdecke –
und wenn's genug geregnet hat,
dann hört es wieder auf.

Montag, 12.09.2010

Mein Traum: Sternenstraßenkommunikation, Schwimmkerzenorakel, bin auf einer Luftmatratze im Wasser gelegen und konnte die Sternenstraßen hören, mit den Sternen Kontakt haben. Sie haben zu mir gesprochen, ich weiß jetzt, da ich wach bin, nicht mehr genau, wie das ging, aber ich benötigte Wasser dazu. War es die Spiegelung, oder konnte ich über die Tiefe des Wassers die Sterne hören? Jedenfalls war es ein richtiges „Aha-Erlebnis".

Ich bekomme die ersten E-Mails von meinen Reisegefährtinnen und freue mich sehr darüber, zart, behutsam, wunderbar. Ihre Gefühle sind identisch mit meinen. Auch in mir gibt es einen Teil, für den es gut ist, dass er noch nicht angekommen ist, und der vielleicht nie zurück kommen wird.

Samstag 18.09.2010

Die Untersuchungen laufen, meine Laborwerte spielen verrückt, sind stark erhöht. In meinem Kopf rattern die Differentialdiagnosen, seit fünf Tagen habe ich massives Oberbauchdrücken, die Worte der Schamanin bekommen neues Gewicht: „Du sollst ins Krankenhaus gehen". Ich telefoniere, google, mache neue Untersuchungstermine, während ich vier Liter Abführmittel trinke, um meinen Darm für die morgige Untersuchung vorzubereiten. Da bei den schulmedizinischen Untersuchungen nichts gefunden wird, bitte ich meinen Mann zu pendeln. Das Pendel bringt mir eine vernichtende Diagnose: Fuchsbandwurm. Ich flippe innerlich aus, suche nach Therapien. Nun liege ich im Bett, die Wärmeflasche unter meinem kalten Kreuz und Po und bin zufrieden mit meinem leeren Darm und dem druckfreien Oberbauch. Ich werde eins nach dem anderen untersuchen. Bringe daheim nichts hin, kümmere mich um wenig, versuche meine Arbeit auf die Reihe zu kriegen. Ich konsultiere einen Tropenmediziner bezüglich Fuchsbandwurm, der kennt sich nicht aus, ich vereinbare einen Termin bei einem anderen Tropenmediziner, der will gleich eine Leberpunktion machen. Dazu hab ich keine Lust, das lass ich mir sicher nicht machen, aber eine Stimme sagt mir, dass ich weiter untersuchen soll.

Montag 20.09.2010

Vier Uhr morgen: ich erwache und brauche das Schreiben, um gut in den neuen Tag zu rutschen. Gestern hatte ich eine Darm- und Magenspiegelung in Vollnarkose, der Befund ist in Ordnung.

Ich gehe auf ein Geburtstagsfest. Ich beginne mich zu beruhigen. Ein SMS meines Zahnarztes, der mir einen Kollegen im Allgemeinen Krankenhaus empfiehlt, lässt mich wieder an all meine Untersuchungen denken, macht mich unruhig. Ich gehe ins Theater.

Monate später,

kann ich zu diesem Thema ganz anders schreiben. Rückblickend aber finde ich es spannend, wie so ein kurzer Satz der Schamanin mein Befinden aus dem Gleichgewicht bringen konnte. Spannend auch, dass in genau dem Moment, als ich meine schlechten Laborwerte zu Gesicht bekam, die Beschwerden erst richtig anfingen. Oberbauchdruckgefühl, Übelkeit, Schmerzen. Durchfall hatte ich ja schon seit der Zwischenlandung in Moskau. Ich war auf mich zurückgeworfen, ich hatte Angst. Angst nagt, kommt unbemerkt bei Tag und bei Nacht, sie ist plötzlich da. Wen auch immer ich fragte, es gab immer eine andere Antwort, und die Untersuchungsmühlen drehten sich so wie die mongolischen Gebetsmühlen, unaufhörlich. Wenn du nicht aufhörst, sie zu drehen, wirst du wahnsinnig. Das hatte ich in dem Moment kapiert, als sie mich zur Leberpunktion einberufen wollten. Da sagte eine innere Stimme: halt.
Ich ließ mich von meinem Praxiskollegen osteopathisch behandeln, was meine Oberbauchbeschwerden zum Verschwinden brachte. Die Laborwerte waren etwas rückläufig, aber immer noch erhöht. Mein Mann, der meine Stimmungsschwankungen beobachtete, mein Hin- und Hergerissen sein zwischen weiteren Untersuchungen, oder aber es dabei zu belassen, sagte mir den rettenden Satz, der mich völlig zur Ruhe kommen ließ: „Wenn du stirbst, dann stirbst du, wir alle werden irgendwann sterben, aber im Moment lebst du, also genieße es!" Seither lebe ich und habe gelernt: auch Schamaninnen dürfen sich irren oder spüren eben in einen sehr feinstofflichen Bereich hinein. Vielleicht gab es zu diesem Zeitpunkt eine Ebene, die krank war, eine Hülle die noch mit den Energien meiner zum Teil schwerkranken Patientinnen behaftet war, vielleicht hat sie diese Ebene angesprochen? Wer weiß. Mir ist es unwichtig. Ich habe seither aufgehört meine Laborwerte ständig zu kontrollieren, ich hab dazu einfach keine Lust.

Geburt und Sterben sind beides Übergänge vom feinstofflichen in den grobstofflichen Bereich und umgekehrt. Hab ich mich in der Gebärmutter als Embryo vor der Geburt gefürchtet? Ich kann mich nicht erinnern, aber ich bin offensichtlich meinen Weg gegangen und habe mich für meinen Körper entschieden, für ein Ja zu meinem Leben, für die Freude, die Liebe, die ich bin, in jedem Moment den ich auf dieser Erde verbringen darf.

Dank

Wie heißt das Zauberwort? Wie dressiert kommen mir diese Kinder vor. Hat denn das wirklich mit Dankbarkeit zu tun? Woran erkenne ich, wenn ich einem Kind Freude bereitet habe, ein Wunsch in Erfüllung gegangen ist? Das Bitte oder Danke wird wahrscheinlich für die Nachbarin, den schrulligen Großonkel, die Kassiererin an der Supermarktkasse oder für wen auch immer, letztendlich aber für das Ego der einfordernden Person einstudiert. Manche Sätze und Erziehungsmuster werden von Generation zu Generation weitergegeben ohne je einen Filter darüber gelegt zu haben. Das macht mich traurig, denn Kinder sind für mich so wunderbare vollkommene Lichtwesen. Ich freu mich immer über ihr Strahlen, ihr Lächeln, ihre Präsenz. Hier an dieser Stelle ist Platz mich bei meinen drei Kindern und meinem Mann zu bedanken, für alles, was sie mich gelehrt haben, für all die nährenden Stunden, die sie mit mir geteilt haben. Ich bin dankbar und glücklich, dass ich das Heranwachsen dieser drei wunderbaren Geschöpfe erleben durfte und darf. Einen aufrichtigen herzlichen Dank auszusprechen ist wichtig und heilsam. Mir bewusst zu werden, dass ich ein eigenverantwortliches Wesen bin, lässt mich aus der Opferrolle schlüpfen und selbstbestimmt meinen Weg gehen.

Für mich ist hier und jetzt der richtige Zeitpunkt mich bei allen Menschen zu bedanken, die mich auf dem Weg begleitet haben, den ich gegangen bin. Ich bin berührt von ihrer Wärme und Beständigkeit. Ich danke mir für meine Wahrhaftigkeit und die Fülle an Freude, die durch dieses Buch zu mir gekommen sind. Es sind wunderbare Geschenke. Ich liebe es, aus purer Lust und Laune zu schenken, ohne Anlass. Spontaneität, Überraschungen, Unerwartetes, ja, das liebe ich im Leben sehr. So geht es mir auch mit dem Dank. Für mich ist er gerade jetzt und an dieser Stelle wichtig und ich lade dich dazu ein, dir bewusst zu werden, wofür du im Leben danken möchtest.

Mittwoch, 22.09.2010
Steige in den Zug, um auf einen Kongress für Chinesische Medizin nach Graz zu fahren, Sonne, strahlend blauer Himmel, ein Herbsttag wie im Wunderland, ich arbeite und schau mir dabei zu. Ich merke immer mehr, dass mein Herz für ganz andere Dinge, Zeiten und Abschnitte schlägt. Ich glaube, es braucht keine Anstrengung mehr von meiner Seite, es löst sich auf, früher als ich gedacht habe.

Freitag 24.09.2010
Der Kongress war gut. Ich will nun alles auf mich zukommen lassen. Die mongolische Musik aus meinem iPod treibt mir die Tränen in die Augen.

Ich bin in meinem Tagebuch auf der letzten Seite angekommen, meine Reise zu mir hat aber gerade erst begonnen und sie fühlt sich grandios an, unbeschwert, lustvoll, frei und schön. Ja, und so fühle ich mich auch: schön, alternd, strahlend, geliebt, begehrt, auf Händen getragen, geborgen und beschützt, sexy, intelligent, außergewöhnlich, eine wunderbare Frau mit 50+

Ich wünsche mir

Menschen, die uns spielerisch inspirieren, die Welt der verdichteten Strukturen zu verlassen, die uns einladen, die Welt der Dogmen und Kontrollen in einem neuen Licht zu betrachten. Ich wünsche mir lichtvolle Wesen, welche die vielen Konzepte, die uns in frühester Kindheit oft sinnlos übergestülpt wurden, in Frage zu stellen. Ich wünsche mir Mut, um sie zu überprüfen. Macht der Liebe Platz. Diese Liebe hat weder mit Begehren noch mit Leidenschaft zu tun. Sie ist frei von Egostrukturen und Konzepten. Es ist die totale Verschmelzung mit der universellen Energie, die weit und glücklich macht.

Während ich diesen Text schreibe umgeben von Mutter Erde, landet exakt in diesem Moment ein Entenpärchen mit einem Platsch im Biotop vor mir. Ich blicke auf und beobachte die beiden. Das Männchen und das Weibchen, wie sie so einfach da sind, nebeneinander, verbunden und doch frei. Synchron, aber eigenständig fliegen sie davon.

Eine Welle aus meinem Unterbauch wogt in meinen Brustkorb, eine Träne dringt von ganz tief aus meinem Bauch bis in mein Herz. Sie bleibt dort, erreicht meine Augen nicht, aber ich weiß, dass diese Träne dazu dient, den Samen, den ich soeben niedergeschrieben, zu gießen, zu nähren, zu düngen und ich bin mir sicher, dass er keimen wird, sodass ich dieser Welt neu begegnen kann.

So lade ich auch dich ein, dir selbst neu zu begegnen: in der absoluten Liebe, die du bist.

Danke, dass es dich gibt.

Widmung

an meine noch nicht geborene Urenkelin.

Gut, dass du endlich da bist.
Du, die das austragen wird,
was wir über Generationen für dich gegangen sind.
Es wird dir keine Last mehr sein
und du bist auch über jeden Widerstand erhaben.
Ich kann das Strahlen und Leuchten in deinen Augen sehen.
Auch DEINE Zellen werden die Information von Jahrtausenden tragen,
du wirst dich erinnern an die Liebe, die ich für dich empfinde.
Ich bin so berührt, dass ich dich heute erfahren und spüren darf,
dass ich mit deiner Seele so zart und behutsam in Verbindung treten darf.
Ich werde dich unterstützen, damit du deine Traumzeiten verstehst.
Du bist Trägerin eines tiefen Wissens,
das du in Selbstverständlichkeit weitergeben wirst,
genährt durch Generationen von Töchtern, von Frauen,
die Schritt für Schritt die Sprossenleiter ins Licht geklettert sind.
Bete für sie und bedanke dich bei Ihnen.
Liebe, tanze, strahle, spiele
und verbinde dich täglich mit der göttlichen Energie in dir.
Wenn du mich mal brauchst, dann wirst du mich dort finden.
denn auch ich habe den Weg des Lichts gewählt
und gehe selbstbestimmt durch die Ebenen von Raum und Zeit,
verliere mich in den Spinnennetzen der Magie,
hole die Kraft meiner Wurzeln in meinen Schoß
und gebäre das Weibliche und das Männliche,
auf dass es in Würde und Liebe Licht auf diese Erde bringe.

www.innenwelt-verlag.de
www.adlerfederberg.com